多文化保育・教育論

咲間 まり子 編
Sakuma Mariko

みらい

執筆者一覧

● 編　者

　咲間まり子（さくま まりこ）　函館短期大学

● 執筆者（五十音順）

　内田　千春（うちだ ちはる）　東洋大学 ……………………………………… 第4章
　小島　祥美（こじま よしみ）　愛知淑徳大学 ………………………… 第3章第4節・第6節
　駒井美智子（こまい みちこ）　元常葉大学 ………………………………… 第3章第3節
　咲間まり子（さくま まりこ）　（前出）…………………………………… 第5章・第7章
　佐藤　千瀬（さとう ちせ）　聖学院大学 ………………………………… 第3章第1節
　品川ひろみ（しながわ ひろみ）　札幌国際大学 ………………………… 第6章第1節・コラム
　菅原　雅枝（すがはら まさえ）　東京学芸大学 …………………… 第3章第5節・コラム
　石　　暁玲（せき ぎょうれい）　東京福祉大学 ………………………………… 第2章
　中野　明子（なかの あきこ）　福島学院大学短期大学部 …………………… 第6章第4節
　林　　悠子（はやし ゆうこ）　神戸松蔭女子学院大学 …………………… 第3章第2節
　韓　　在熙（はん ぜひ）　四天王寺大学短期大学部 …………………… 第6章第5節
　堀田　正央（ほった まさなか）　埼玉学園大学 ………………………………… 第1章
　松山　有美（まつやま ゆみ）　日本福祉大学 …………………………… 第6章第3節
　三井　真紀（みつい まき）　九州ルーテル学院大学 …………………… 第6章第2節

はじめに

　現在、保育・小学校の現場では、外国につながる子ども（本書においては、外国籍の子ども、両親のいずれかが外国籍の子ども、帰国子女の子どもなど、言語文化背景が異なる子どもを「外国につながる子ども」と表記している。ただし、調査結果の説明などの箇所では「外国人児童生徒」等と表記している）たちが増加しており、保育・教育の多文化・国際化に対応できる保育者・教師が求められています。

　そのようななかで、本書は、諸外国や日本の現状をふまえながら、外国につながる子どもや保護者への支援の実際を学び、多文化保育・教育のあり方について考えるためのテキストです。本書は全体を7章立てとし、読者が流れをもって学習できるよう構成しております。特に、学生が多文化保育・教育を理解し、自発的に学べる内容をめざすため、次の項目に重点を置いて編集しました。

　①自ら「問い」をもち、調べ、考えられる。
　②各分野についての新しい知見が身につけられる。
　③事例により、具体的なイメージがもてる。
　④学びを深めるためにコラムを設け、より具体的に理解できる。

　以上の点もふまえ本書は、将来、保育者や教師をめざす学生に何が必要で、そのために何を学んだらよいのかという視点から学びやすい「多文化保育・教育」のテキストであることを確信しております。保育者・教師をめざす学生の皆さんに役立てていただければ幸いです。

　最後になりましたが、本書の刊行にあたりご協力いただきました幼稚園、保育所、小学校の関係者の皆さま、ノルウェー・フィンランド・アメリカ・上海・韓国の執筆にご協力いただいた関係者の皆さま、ならびにこのような機会を与えてくださいました㈱みらいの竹鼻均之氏、企画編集部の荻原太志氏、西尾敦氏に心からお礼を申し上げます。

平成26年3月

編　者　咲間　まり子

もくじ

はじめに

第1章　多文化保育・教育とは何か

第1節　多文化共生社会の必要性 ･･･9
（1）国際化における日本の特性　9
（2）世界における人口移動の現状　10
（3）在日外国人の人口動態　11
（4）多文化主義と同化主義　12

第2節　多文化保育・教育の必要性と意義 ･････････････････････････････････13
（1）多文化保育・教育とは何か　13
（2）視点1：子どもの権利としての多文化保育・教育　14
（3）視点2：持続可能な社会モデルに向けた多文化保育・教育　15
（4）視点3：多文化共生社会に向けた互恵性に根差した保育・教育　16

COLUMN：多文化保育・教育は誰のものか　18

第2章　在日外国人の動向と福祉ニーズ

第1節　在日外国人の人口的動向 ･･･19
（1）在日外国人の人口推移　19
（2）保育・教育現場の外国人児童生徒の状況　22

第2節　多文化共生の視点と外国人等の福祉ニーズ ･････････････････････････23
（1）外国人教育施策の動き　23
（2）福祉ニーズからみる在日外国人が置かれている現状と課題　25

COLUMN：郷に入っては郷に従え!?　29

第3章　外国につながる子どもの保育・教育と保護者への支援

第1節　言葉に関する事例：保育 ･･･30
（1）外国につながる子どもの言葉と保育　30
（2）日本語がわからない外国につながる子どもへの保育の留意点　31
（3）日本語がわからない外国につながる子どもの母語を活かした保育　33
（4）日本語を話す外国につながる子どもの保育の留意点　35
（5）外国につながる子どもとその保護者の母語の重要性　36

第2節　食事に関する事例：保育 ･･･39
（1）保育における「食」　39

　　　　（2）外国につながる子どもの保育と「食」　40
　　　　（3）保育所での食事をめぐる保護者の悩みと保育者の配慮　40
　　　　（4）保育者に求められること　46

　　第3節　保護者への支援の事例：保育 ･････････････････････････････････47
　　　　（1）外国人の保護者への配慮　47
　　　　（2）外国人の保護者との関係づくり　49
　　　　（3）子どもの食事について　51

　　第4節　入学に関する事例：小学校 ･････････････････････････････････52
　　　　（1）外国人児童に関する就学手続き　52
　　　　（2）外国人児童に対するプレクラスとプレスクールの実践　57

　　第5節　授業・学力に関する事例：小学校 ･････････････････････････････60
　　　　（1）多言語・多文化化する教室　60
　　　　（2）第二言語での学習を支える　61
　　　　（3）日本語の力と母語の力　63
　　　　（4）外国につながる子どもの支援体制　67
　　　　（5）明日につながる指導　68

　　第6節　保護者への支援の事例：小学校 ･････････････････････････････69
　　　　（1）外国人の保護者の悩み　69
　　　　（2）外国人の保護者への支援　73

　　COLUMN：編入直後の子どもたちの不安と戸惑い　75

第4章　多文化保育・教育における保育者・教師の専門性と役割

　　第1節　多文化保育・教育のめざすもの ･････････････････････････････78
　　　　（1）一人一人その子らしくいられる教室を　78
　　　　（2）文化差が子ども理解に及ぼす影響　79

　　第2節　多様性に応じた保育・教育に必要な知識 ･････････････････････81
　　　　（1）違いを見る立場と見ない立場　81
　　　　（2）文化の流動性や歴史的背景を理解する　82
　　　　（3）社会のなかにある差別を再生産する構造を理解する　83
　　　　（4）乳幼児期の発達と違いの認識について学ぶ　84

　　第3節　保育者・教師の専門性としての省察力と多様性への応答的対応 ････85
　　　　（1）最初の一歩―自分の「違い」に対する態度を研究する―　85
　　　　（2）将来を見通しながら今できることを考える　87
　　　　（3）地域社会について学び、地域社会とつながる　87
　　　　（4）違いが光る教室で質の高い保育・教育を　88

　　第4節　保育者・教師の姿が子どもを育てる ･････････････････････････88
　　COLUMN：「話せない＝わからない」ではないのに…　91

第5章　行政の多文化共生への取り組み―多文化保育・教育をふまえて―

第1節　一戸町の国際交流 …………………………………………………92
（1）岩手県内の国際交流・協力団体　92
（2）一戸町の国際交流の発端　93
（3）ベトナム人研修生の一戸町での生活実態　93

第2節　一戸町の多文化共生への取り組み ……………………………94
（1）一戸町の多文化共生への取り組み事業　94
（2）一戸町独自の医師養成対策　96

第3節　今後の課題 ………………………………………………………97
COLUMN：ベトナム人元研修生の故郷を尋ねて　100

第6章　海外の子育て支援の現状

第1節　ノルウェーの子育て支援の現状 ………………………………101
（1）ノルウェーの子育て支援　101
（2）ノルウェーの保育　104
（3）サーミの子どもへの保育　106

第2節　フィンランドの子育て支援の現状 ……………………………110
（1）森と湖の国の子どもたち　110
（2）家族に優しい国と街　112
（3）フィンランドの保育・教育の実際　114

第3節　アメリカの子育て支援の現状 …………………………………118
（1）自由主義福祉国家における子育て支援　118
（2）多文化保育の展開　123
（3）多様な保育選択に向けて　125

第4節　中国（上海）における子育て支援の現状 ……………………127
（1）中国の幼児教育の歴史と変遷　127
（2）上海の子育て・幼児教育　128
（3）上海に住む日本人家族の子育て事情　129
（4）上海の幼稚園で働く日本人の先生たち　131

第5節　韓国の子育て支援の現状 ………………………………………134
（1）はじめに　134
（2）保育施策の最近の動向　135
（3）多文化家庭の子育て支援　137
（4）まとめ　140

COLUMN：ノルウェーの暮らし　141

第 7 章　今後の多文化保育・教育の課題と展望

第 1 節　今後の多文化保育・教育の課題 ……………………………………145
（1）就学前・就学後における言語支援　145
（2）母語と日本語に関する課題—アイデンティティの確立—　146
（3）生活・学習環境における課題と支援　148

第 2 節　今後の多文化保育・教育の展望 ……………………………………149
（1）外国につながる子ども・保護者への支援と配慮　149
（2）多文化保育・教育を担う保育者・教師の使命　150

COLUMN：僕の国ではね　151

第1章 多文化保育・教育とは何か

第1節　多文化共生社会の必要性

(1) 国際化における日本の特性

　1991（平成3）年以降、Webの急速な広がりとともに、外国はとても身近に感じられるようになってきた。2012（平成24）年におけるインターネットの個人利用率は世界で約40％、日本で約79％に上り、遠く隔たった国や地域の人同士がコストに拠ることなく同時に情報をシェアし語り合える時代になっている。そこでは世界はより狭く、均一になり、人と人、国と国とを隔てる境界も曖昧な輪郭を残しながらも融合を遂げつつあるように思える。

　しかしながら、過剰な情報社会は時として違いや対立を際立たせ、21世紀の現在においてもアメリカのアフガニスタン侵攻、シリア内戦等、多くの国や地域でテロ[*1]・紛争・内戦・戦争が続き、罪のない人々が命を落としている現実がある。限られた物的・人的資源のなかで、国をはじめとしたさまざまな共同体同士の利害関係[*2]を調整することは困難であっても、人々が互いに尊重し合い、多様性を受容する環境のなかで子どもたちが育ち、互恵的に発展する社会を作り上げていくことは、今世紀に課せられた大きな課題である。

　この項では、多文化共生社会をめざすうえでの前提的な条件として、日本の国際化の現状を確認してみる。日本は❶極東の島国という地政学的特徴をもった国土、❷江戸期における200年以上の鎖国の歴史、❸95％以上が同一の民族で占められる人口構造、❹他言語との関連性が不明な孤立言語として保持されてきた母語等の特徴をもっており、異文化・多文化環境が他国に比べて構成されにくい社会であり続けてきた。言語、文化、遺伝的条件等の均一性は、固有の伝統・文化を継承・発展させるうえで有効であり、そのことが国内における普遍的な価値観、国民としての同一性をもたらしてきた。さ

*1　テロル
あらゆる暴力手段に訴えて政治的な敵対者を威嚇すること。

*2　利害関係
利益と損害が相互に影響し合う関係をいう。

らに民族、国籍、市民権等、他国においては時に国民ごとに異なる要素が、圧倒的なマジョリティ（多数派）によって矛盾なく共有されてきたことは、比較的格差の少なく治安のよい高度な社会をつくることにつながった。一方で多様な文化の受容に向けた切迫した要因が薄いことは、アイヌ、ウィルタ、ニヴフ、小笠原諸島の欧米系住民、ロシア革命の亡命者とその子孫等、民族的マイノリティ（少数派）に対する公正な眼差しへの妨げにもなってきた側面も否定できない。

少子高齢化に伴う生産年齢人口[*3]の急速な減少、食料自給率[*4]の低さ、エネルギー輸入依存度の高さ等から、国際化に伴う多文化共生社会の必要性は明確である。今後はその是非を問う段階を過ぎ、歴史的文化的な資産や価値観の継承、外国人住民を取り巻く法環境の整備、普遍的な保育・教育・福祉・医療等の推進等、さまざまな問題を過去・現在・未来に渡った視点で戦略的に考えていくことが重要である。

（2）世界における人口移動の現状

各国における純移動率（NMR：Net Immigration Rate）をみてみると、2012年の統計で最も高い数値を示したのはカタールの40.62、最も低い値となったのは北マリアナ諸島（サイパン島を首都としたアメリカ合衆国自治領）の−41.32であり、年間およそ人口の4％が移入・移出に偏るのが、最も人口の流出入の差が大きい国々の状況といえる。

世界規模での人口の移入・移出は、おおむね所得水準の低い国から高い国へ、人口の多い国から少ない国へと流れる傾向にある。2010年における世界人口はおよそ69.2億人であるが、内先進国の人口は12.4億人に過ぎない。主として経済的な格差から、全人口の約83％である開発途上国人口が先進国に移民として向かう傾向をもつため、NMRの値は先進国で＋、開発途上国で−の値を示すことが多い。しかしながら日本のNMRは0であり、オーストラリアの5.93、カナダの5.65、イタリアの3.67等と比べても先進国でありながら人口に占める移出入の割合と差が少ない国の一つであることがわかる。

特に労働者としての移民が発生する場合、送り出し国側を原因としたプッシュ要因と受け入れ先の国側を原因としたプル要因にその理由を分類することができる。国家間の労働力移動を「より豊かな国でより高い報酬を」というプッシュ要因のみで考えた場合、日本のもつ地政学的、言語的、社会文化的な特徴はネガティブに働く可能性が高い。このことは日本が世界第3位の経済大国であり、世界で最も少子高齢化が進んでいる国の一つであるという

[*3] 生産年齢人口
15歳〜64歳までの人口層のこと。

[*4] 食料自給率
国内で消費される食料のうち、国産でどの程度まかなえているかを示す指標のこと。

強いプル要因を複数もっているにもかかわらず、純移動率の絶対値が極めて小さいという状況からも明らかである。実際にニューカマー*5の中心層であるブラジル籍の外国人登録者*6は2008（平成20）年から2011（平成23）年までの期間、31万2,582人から21万32人とおよそ3分の2に激減した。リーマンショック以降の経済低迷や東日本大震災等の不測の要因で大きく人口構造が変化することは、前例のない水準で生産年齢人口の減少を迎える日本にとってリスクであり、外国につながる人々が自分の文化を尊重しながら生活できる社会を実現することは、単なる人道主義に基づく社会理念に留まらない理由で急務と言える。今後、移民労働者が受け入れ先として魅力を感じ、生活者として地域に根差し、安心して妊娠・出産・育児・教育を行える環境をつくることは、急速な人口減少・高齢化に対応し、持続可能な社会を構築するうえで必要不可欠な条件である。

（3）在日外国人の人口動態

横断的に先進各国と比較して日本の純移動率は低い状況にある一方、日本における外国人口動態を縦断的にみてみると、急速な外国人住民の増加があったことがわかる。外国人登録令が施行された1947（昭和22）年から1986（昭和61）年までの40年間で外国人登録者増加は22万7,869人だったが、1986（昭和61）年から2005（平成17）年までの20年間においては114万4,318人となり、わずか半分の期間でおよそ5倍もの増加をみせている。最も正規の外国人登録者数が多かったのは、2008（平成20）年の221万7,426人であり、全人口の1.74％を占めるまでに至ったが、以後漸減傾向が続き、2011（平成23）年では約208万人となっている。

夫婦の一方が外国籍であるいわゆる国際結婚の数も、1980（昭和55）年には全婚姻数の0.93％（7,261組）に過ぎなかったものが、2006（平成18）年には約6.1％（4万4,701組）にまで上昇した。しかしながら2011（平成23）年では約3.9％（2万5,934組）までの落ち込みをみせ、2006（平成18）年と2011（平成23）年の比較では特に妻がフィリピン籍の婚姻で約65％、妻が中国籍の婚姻で約33％と、大幅に減少している。

以上のことから、❶バブル期以降労働を主たる目的としてニューカマー層を中心に外国人住民が急増した、❷外国人登録者は総人口に占める男女を合わせた再生産年齢人口*7の割合が日本人よりも高く（表1-1）、また全人口に占める外国人の割合と比べて、全婚姻数に占める外国人との結婚の割合は2倍以上に上る、❸今後日本人の少子化が続いた場合、15歳未満人口に占

*5　ニューカマー
1980年代以降に日本に定住した主として南米、東南アジア国籍等の外国人を指す。多くが特別永住者の資格をもった韓国・朝鮮籍等の外国人をオールドカマーと呼ぶことがある。

*6
詳しくは第2章で学ぶが、2012（平成24）年に新たな在留管理制度が導入され、日本に在留している外国人は「在留外国人」と呼ばれるようになった。ただし、本章では2011（平成23）年までのデータを使用しているため、「外国人登録者」と表記している。

*7　再生産年齢人口
生物学的な視点で一般に親となることができると思われる年齢の人口。人口統計上は通常は女子人口のみを含め、実際の再生産年齢には個人差があるものの、15〜49歳人口とするのが一般的である。

表1−1　外国人登録者に占める再生産年齢人口（男女）の国別割合（平成22年）

	外国人登録者(人)	再生産年齢人口(人)	再生産年齢人口構成比(%)
日本	125,815,000	53,986,000	42.9
中国	687,156	580,066	84.4
韓国・朝鮮	565,989	290,701	51.4
ブラジル	230,552	153,295	66.5
フィリピン	210,181	174,579	83.1
ペルー	54,636	34,772	63.6

注）日本の外国人登録者の欄のみ日本人人口を表し、再生産年齢人口（人）・再生産年齢人口構成比（％）は、それぞれ日本人人口に対する数値である。
資料：法務省「平成22年登録外国人統計」および総務省「平成22年人口推計」より筆者作成

める外国につながる子ども[*8]の割合はかつてないほど高くなる、といった状況がみてとれる。

　少子化、児童虐待、感染症管理等、保育・教育の現場は後に社会全体で大きな問題となる現象が先駆けて現出する場所である。文部科学省の「日本語指導が必要な外国人児童生徒の受入れ状況等に関する調査」によれば、2003（平成15）年から2008（平成20）年の6年間で日本語指導が必要な外国人児童生徒は1万9,042人から2万8,575人へと1.5倍以上にまで増えている。多文化保育・教育は、少数者に対する支援という脈絡からすら逸脱しつつあると言える。

（4）多文化主義と同化主義

　一つの国のなかに複数の民族が共存した場合、民族的マイノリティに対するマジョリティの考え方は、自民族中心主義に基づく他民族排斥を論外とすれば、多文化主義と同化主義の2つのベクトルをもつ。多文化主義とは、異なる文化をもつ人々が一つの社会のなかで相互に認め合い、対等の権利で尊重されるべきという考え方であり、同化主義とは、異なる文化をもった民族的少数派（マイノリティ）を多数派（マジョリティ）に統合・同化させようという考え方である。

　多文化主義を採用する代表的な国には、カナダ、オーストラリア、スウェーデン等がある。特にカナダにおいては1960年代より英仏の二言語二文化問題が議論される過程で二言語多文化への移行が起こり、1984年イギリスからの法的独立に伴い、憲法第27節において多文化主義が明文化された。1998年には「多文化主義に関する決議書」が女王の勅許の元に決議され、多くの問題

*8
本書においては、外国籍の子ども、両親のいずれかが外国籍の子ども、帰国子女の子どもなど、言語文化背景が異なる子どもを「外国につながる子ども」と表記している。ただし、調査結果の説明などの箇所では「外国人児童生徒」等と表記している。

を抱えつつも、民族・文化的集団を超えて等しく権利が認められ、国家への帰属意識を高め得る多文化主義が国民に広く受け入れられている。

　同化主義の例としては、米国のハワイ併合後の先住民に対する同化政策、中国やベトナム、日本の少数民族政策等がそれにあたる。日本においてはアイヌ民族に対し、1899（明治32）年以降、北海道旧土人保護法によって民族の固有の文化・慣習の禁止、日本語使用の義務、日本風氏名への改名と戸籍編入等が強制されてきた。1997（平成9）年にこの法律は廃止され、新たに「アイヌ文化の振興並びにアイヌの伝統等に関する知識の普及及び啓発に関する法律」が公布・施行され、2007（平成19）年には「先住民族の権利に関する国際連合宣言」が国連採択されるなか、現在ではアイヌ文化の振興とともに日本における多様な文化の発展がめざされるようになっている。

　それぞれの国がどちらの主義に則った政策を採用するのかには、その国の歴史的要因、人口構造、経済状況等、さまざまな因子が絡み合う。ある主義・政策自体がいかに有効にみえても、同じ形で他国に適応可能かどうかは精査する必要があり、同様にある国で失敗した主義・政策が他国でも同様の結果をたどるかどうかはわからない。

　今後の日本においても、国民一人一人がどのような国をめざしていくのかを慎重に考え、意見を積み上げていきながら、多文化共生社会のあるべき姿を模索していかなければならない。

第2節　多文化保育・教育の必要性と意義

（1）多文化保育・教育とは何か

　多文化保育・教育は、グローバル教育、国際理解教育、アンチバイアス教育[9]、インクルーシブ教育[10]等と部分的に重なり合いながら、それぞれの年代、それぞれの国においてさまざまな定義が試みられてきた。1980年代のバンクス（Banks, J.A.）、リンツ（Lynch, J.）らによる主として人種問題にスポットを当てた多文化教育論、テイラー（Taylor, C.）らによる少数者のアイデンティティーの社会的承認を中心とした多文化主義論はもちろん、広義にガーダマー（Gadamer, H.G.）の解釈学やブルデュー（Bourdieu, P.）の文化的再生産論等まで含めると、多文化共生社会における多様性受容にかかわる研究は、実に多くの成果を積み上げてきた。一方で、それぞれの国や地域ごとに多文化の状況やニーズは大きく異なり、日本においても外的信頼性

*9　アンチバイアス教育
障がい、性差、人種、民族、文化等について、社会のなかにある多様性を受容し、ステレオタイプ（類型的なとらえ方。一面的で型にはまったイメージをもつこと）に基づくバイアス（偏り、偏見）による一方的な判断をせずに人とかかわることをめざしたカリキュラムや教育方法。

*10　インクルーシブ教育
子どもの属性にかかわらず、個別の教育的ニーズをもったあらゆる子どもが、学校のなかでそれぞれが必要な支援を受けながら包括的に教育を受けること。

が担保され実践に直結した定義を行うには今後のさらなる研究が待たれる。
　ここでは、先行研究や国内外の法規・宣言等を参考に、以下の3点を多文化保育・教育における重要な要素として位置づけたい。
　　1）人種、宗教、民族等を問わずすべての子どもが自らの所属する文化的集団の特性を尊重できること。
　　2）少数派のニーズを無条件に受け入れるのではなく、文化的調整に基づいた公正な環境のなかで、すべての子どもの利益をめざすこと。
　　3）生涯発達に向けた多様性受容の視点を、保育課程・教育課程はもちろん、あらゆるレベルの指導計画のなかに埋め込むこと。
　以上をふまえ、この節では多文化保育・教育の必要性とその意義について以下の3つの視点で述べていきたい。

（2）視点1：子どもの権利としての多文化保育・教育

　第1節で述べたように、今後の日本における多文化共生社会への移行は自然な流れであり、逆行させることは困難であるばかりか大きな代償を伴うことになる。そしてさまざまなプッシュ要因、プル要因に基づいて多文化保育・教育の必要性をとらえる前に、まずふまえるべきこととして、マジョリティ、マイノリティを問わず、子ども一人一人が保持する権利としての保育・教育がある。

　民族的なマイノリティであっても、国民が教育権を有することは言うまでもない。そして国籍をもたない外国人が日本国憲法第26条に規定された教育を受ける権利の享有主体となるのかという問題についても、1978（昭和53）年の「マクリーン判決」[*11]等で明らかなように、基本的人権の原理が人類に普遍的なものであるという性質説の考え方から古くから是とされてきた。一方で就学義務については、外国人住民はその義務を負わないことが文部科学省の見解となっている。しかしながら、2006（平成18）年度文部科学省調査「外国人の子どもの不就学実態調査」によれば、調査対象となった外国籍の子どもの1.1％が不就学児童[*12]であることが明らかとなり、「外国人の子どもの就学機会確保にあたっての留意点について」[*13]等を通じて現在改善が図られつつある。

　さらに世界人権宣言、国際人権規約、児童の権利に関する条約等で示されているように（表1-2）、マイノリティ、マジョリティを問わずすべての子どもにとって、国・人種・宗教等の多様性を受容するための教育を受けることは、正当な権利であることを忘れてはならない。

*11　マクリーン事件判決
1970年、アラン・マクリーン（アメリカ国籍）が、1年の在留期間中にベトナム反戦、日米安保条約反対等の政治活動を行ったことで1年間の在留期間更新申請が許可されなかった事件。判決によって基本的人権が権利の性質上日本国民のみを対象としていると介されるものを除き、在留外国人に対しても等しく及ぶことが示された。また外国人の在留権利が保証されない一方、外国人の政治活動の自由がわが国の政治的意思決定やその実施に影響を及ぼす活動等を除き保証される判決がなされた。

*12　不就学児童
公立学校や外国人学校等のいずれにも就学していない児童をいう。

*13
平成24年7月5日付け24文科初第388号初等中等教育局長通知

第1章　多文化保育・教育とは何か

表1-2　外国につながる子どもの教育権の法的根拠

日本国憲法	世界人権宣言	経済的、社会的及び文化的権利に関する国際規約（A規約）	児童の権利に関する条約
第26条	第26条	第13条	第29条
1　すべての国民は、法律の定めるところにより、その能力に応じて、ひとしく教育を受ける権利を有する。 2　すべての国民は、法律の定めるところにより、その保護する子女に普通教育を受けさせる義務を負ふ。義務教育は、これを無償とする。	1　すべての人は、教育を受ける権利を有する。教育は、少なくとも初等の及び基礎的の段階においては、無償でなければならない。初等教育は、義務的でなければならない。（後略） 2　教育は、人格の完全な発展並びに人権及び基本的自由の尊重の強化を目的としなければならない。教育は、すべての国又は人種的若しくは宗教的集団の相互間の理解、寛容及び友好関係を増進し、かつ、平和の維持のため、国際連合の活動を促進するものでなければならない。	1　この規約の締約国は、教育についてのすべての者の権利を認める。締約国は、教育が人格の完成及び人格の尊厳についての意識の十分な発達を指向し並びに人権及び基本的自由の尊重を強化すべきことに同意する。更に、締約国は、教育が、すべての者に対し、自由な社会に効果的に参加すること、諸国民の間及び人種的、種族的又は宗教的集団の間の理解、寛容及び友好を促進すること並びに平和の維持のための国際連合の活動を助長することを可能にすべきことに同意する。	1　締約国は、児童の教育が次のことを指向すべきことに同意する。 （a）児童の人格、才能並びに精神的及び身体的な能力をその可能な最大限度まで発達させること。 （b）人権及び基本的自由の尊重並びに国際連合憲章にうたう原則の尊重を育成すること。 （c）児童の父母、児童の文化的同一性、言語及び価値観、児童の居住国及び出身国の国民的価値観並びに自己の文明と異なる文明に対する尊重を育成すること。 （d）すべての人民の間の、種族的、国民的及び宗教的集団の間の並びに原住民である者の理解、平和、寛容、両性の平等及び友好の精神に従い、自由な社会における責任ある生活のために児童に準備させること。 （e）自然環境の尊重を育成すること。

（3）視点2：持続可能な社会モデルに向けた多文化保育・教育

　多文化保育・教育が人道主義や普遍的な権利に基づいてのみ展開されるものであり、マジョリティにとっては物的・人的資源を割くことに見合った十分なメリットが得られないと考えるのは間違いである。内閣府の試算によれば、日本の総人口は2060（平成72）年には8,674万人と2010（平成22）年の1万2,806万人の67.7％まで落ち込み、高齢化率は約40％にまで達する。抜本的な少子化対策が困難な現状を鑑みれば、外国人や外国につながる子どものマンパワー[*14]は、持続可能な社会を構築するうえで不可欠のものである。

　2010年、ドイツのメルケル首相が「多文化主義は完全に失敗した」と発言したことは大きな物議を醸した。2005年の移民法施行に伴い「統合コース」の推進等、大規模な移民統合プログラムを実施したにもかかわらず、治安や経済の悪化を招いたことは、ヨーロッパ的な多文化主義に対するイメージを損ねるものでもあったかもしれない。一方で当時のドイツにおける全人口に占める移民の割合は約19％と日本の10倍以上に上る。仮に人口移入は統制可能でなければならないという方針をもつにせよ、現在の日本が少なくとも今以上の移民受け入れと、生活者としての外国につながる子どもと保護者への支援（とりわけ保育・教育）を推進する必要があるのは明らかである。

*14　マンパワー
人的資源という意味。

（4）視点3：多文化共生社会に向けた互恵性に根差した保育・教育

　多文化共生社会への出発点となるのは、確かに国際化や少子化等を受けての横断的な要因に拠る部分があるかも知れない。外国につながる子どもの権利擁護や少子高齢化に後押しされた移民受け入れの視点は、同時に日本人の帰属意識や文化継承といった面を不安視する声に十分に応えることができず、時に外国人と日本人を二項対立的な図式に押し込めて語られることもある。

　しかし第3章にもあるように、多文化保育・教育の現場からは、外国につながる子どもが主体となって時に日本人の子どもがエンパワー[*15]される姿がみてとれる。

　日本が質の高い文化や技術力をもちながらも市場がガラパゴス化し国際競争力が低い分野をもつ点、2010年におけるTOEFLのスコアがアジア30か国中27位と低迷する点、1990年代初頭には世界第1位であったODA実績が2007年には5位に転落し、官民連携による人的支援の活性化が望まれる点等は、多文化保育・教育環境で育ち国際社会におけるダイバーシティ[*16]に対応できる人材を養成していくことで大きく改善する可能性がある。

　外国につながる子どもが自分のルーツとなる文化を尊重しながら保育・教育の機会だけではなく、内容等についても均等のサービスを受ける段階、日本人の子どもが外国につながる子どもや保護者を通じて多様な文化に触れながら成長し、国際社会での可能性を広げる段階、それらが達成された後のノーマライゼーション[*17]を前提にした多様な文化の相互作用によって生まれる新しい価値観や社会理念が構築される段階に向けて、今まさに一人一人の保育者・教育者が多文化保育・教育に関する専門性を理論と実践の双方から高めていくことが急務である。

●学びの確認

①生産年齢人口や食料自給率の推移を調べてみましょう。
②2008（平成20）年以降、外国人登録者数が減少した理由は何か考えてみましょう。
③多文化主義を採用している国について、その理由を調べてみましょう。

---

*15　エンパワー
原義としては権利や権限を与えること。ここでは情報提供、能力向上、環境改善等を通じて当事者による主体的な問題解決・状況改善が可能なように力づけるという意味。

*16　ダイバーシティ
アメリカにおいて民族的マイノリティや女性の積極的な企業採用や差別のない処遇をめざした多様性の概念。ここでは多文化環境における民族・人種・国籍・宗教・価値観・ライフスタイル等の複合的な要素を指す。

*17　ノーマライゼーション
ここでは、障がい者、子ども、高齢者、外国人等、ある条件・環境のなかで他の人たちよりも弱い立場をもつ人たちが、互いに理解・尊重しながら、同じようによりよい状態をめざすための運動、政策、制度等のこと。

●**発展的な学びへ**

①多文化主義と同化主義について、それぞれのメリットとデメリットを考えてみましょう。
②マクリーン事件判決を参考に、外国人住民にどこまで法的な権利を認めるべきなのか考えてみましょう。
③あなたが考える「あるべき多文化共生社会」のイメージについて、長所・短所をふまえながら話し合ってみましょう。

【参考文献】
- *Angela Merkel declares death of German multiculturalism.* The Gardian, 17 October 2010.
- Barbara Crossette. *State of World Population 2010: From Conflict and Crisis to Renewal: Generations of Change.* United Nations Pubns, 2010.
- Central Intelligence Agency. *The CIA World Factbook 2013.* Skyhorse Publishing, 2013.
- ITU (International Telecommunication Union)：*Percentage of Individuals using the Internet*
- JamesA.Banks and James Lynch ed,. *Multicultural Education in Western Societies,* Praeger, 1986.
- チャールズ・テイラー他『マルチカルチュラリズム』岩波書店、2002年
- 内閣府『少子化社会対策白書』

COLUMN

多文化保育・教育は誰のものか

　あなたが現場の保育者や教師であったと仮定して、多文化保育・教育を実践する上で何を一番困難だと想像するだろうか。最初に思い浮かべるのは、「言葉が通じなかったらどうしよう」という問題かも知れない。

　あなたは日々一生懸命、片言の言葉と身振り手振りを駆使して外国につながる子どもと向き合い、個性を尊重しながら他児とのかかわりを促していく。給料日には保護者の母語の会話集を自費で購入するかもしれない。しかしある時、別の保護者からこう言われる。「先生は外国の子どもばかりひいきしている」と…

　その言葉に傷つくだけだとしたら、その後の展開は難しい。多文化保育・教育への周りの理解は、おそらくあなたが思う以上に必要かつ困難だ。保育・教育には子どもや保護者、地域住民や他の専門職の協力が不可欠である以上、変化に納得できるだけの代償をすべての関係者に提示することに労を惜しむべきではない。たとえば、あなたのクラスの子どもたちが成人する10年後、20年後、国際競争が激化する時代にあって、幼い頃から外国につながる友だちをもち、文化や価値観の多様性を当たり前のことと楽しんできたことは、その子にとって何よりの力になるはずだ。そのヴィジョンを魅力に思わない保護者は少ないだろう。

　多文化保育・教育は、決して「外国につながる子どものためだけのもの」ではない。既存の保育・教育では困難だったよりよい保育・教育サービスをすべての子どもに提供できる可能性をもっている。同時に保育者・教育者には、可能性を実現するだけの専門性が今まで以上に求められていくのだ。

　前述の保護者の言葉に自分だったらどう応えるかを第1章の終わりに考えてほしい。そしてその言葉が依拠し得るだけの実践力を具体的にどう培っていくのか、頭の隅に留めたうえで、第2章以降を読み進めてみよう。

第2章 在日外国人の動向と福祉ニーズ

第1節 在日外国人の人口的動向

(1) 在日外国人の人口推移

日本では外国人在住者や国際結婚の増加により、ますます国際化が進んでいる。そこで、本章では在日外国人の人口的動向とその福祉ニーズを概観し、外国につながる子どもとその保護者が何で困っているのか、保育・教育の場では何が必要とされているのかを多文化共生の視点から検討する。

①在日外国人とは

在日外国人とは一般的に日本で生活を営んでいる外国人（日本の国籍を有していない）と考えてよい。しかし、法務省入国管理局のいう「在留外国人」は、2012（平成24）年7月に改正された在留管理制度[*1]により、「中長期在留者」[*2]および「特別永住者」を指している。つまり、日本における外国人のうち、「外交」「公用」「特定活動」といった国交関係のために活動する者、3か月未満の滞在者、および不法入国、超過滞在（オーバーステイ）で在留資格のない人は除かれている。

外国につながる人として、❶戦前からの在日朝鮮人とその2世、3世（いわゆるオールドカマー）、特別永住者の資格をもつ人、❷1970年代後半から1980年代に増加した日本へ帰国する中国残留日本人孤児とその家族、❸1990（平成2）年の出入国管理及び難民認定法[*3]（以下「入管法」）改正を契機に大量入国したブラジル、ペルーなどの南米人、および1980年代後半から増加した中国、フィリピンなどの一般入国者で、いわゆるニューカマーの人たち、❹1980年代頃からの日本企業の世界進出に伴う帰国子女、の主に4つのパターンがある。

②統計データからみる在留外国人の推移

図2-1からわかるように、1990（平成2）年以降の外国人登録者・在留

[*1] 2012（平成24）年7月に出入国管理及び難民認定法等が改正されて新しい在留管理制度が導入されたことに伴い、これまでの外国人登録法が廃止された。したがって、本章の図表で示している2011（平成23）年までの統計データの人数は外国人登録者数データを用いている。

[*2] **中長期在留者**
出入国管理及び難民認定法上の在留資格をもってわが国に中長期間在留する外国人で、具体的には次の①〜⑥までのいずれにもあてはまらない人である。
① 「3月」以下の在留期間が決定された人
② 「短期滞在」の在留資格が決定された人
③ 「外交」または「公用」の在留資格が決定された人
④ ①〜③までに準じるものとして法務省令で定める人（「特定活動」の在留資格が決定された、亜東関係協会の本邦の事務所若しくは駐日パレスチナ総代表部の職員またはその家族の方）
⑤ 特別永住者
⑥ 在留資格を有しない人

[*3] **出入国管理及び難民認定法**
出入国管理及び難民認定法は、本邦に入国し、または本邦から出国するすべての人の出入国の公正な管理を図るとともに、難民の認定手続を整備することを目的とする法律。

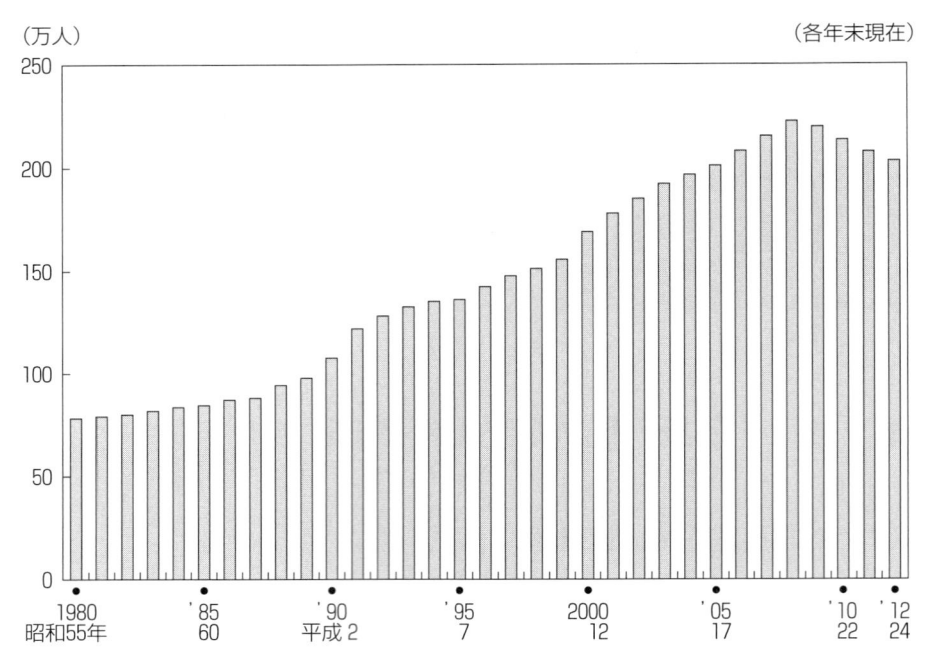

図2－1　外国人登録者数および在留外国人数

注）平成23年までは外国人登録者数、平成24年は中長期在留者に特別永住者を加えた在留外国人の数である。
資料：法務省「平成22年末現在における外国人登録者統計について」「平成24年末現在における在留外国人数について」をもとに筆者作成

表2－1　国籍別外国人登録者数および在留外国人

(各年末現在)

	1990 (平成2)年	1995 (平成7)年	2000 (平成12)年	2005 (平成17)年	2010 (平成22)年	2012 (平成24)年
総　　数	1,075,317	1,362,371	1,686,444	2,011,555	2,134,151	2,033,656
韓国・朝鮮	687,940	666,376	635,269	598,687	565,989	530,046
中　　国	150,339	222,991	335,575	519,561	687,156	652,555
ブラジル	56,429	176,440	254,394	302,080	230,552	190,581
フィリピン	49,092	74,297	144,871	187,261	210,181	202,974
米　　国	38,364	43,198	44,856	49,390	50,667	48,357
ペルー	10,279	36,269	46,171	57,728	54,636	49,248
その他	82,874	142,800	225,308	296,848	334,970	359,895

注1）平成23年までは外国人登録者数、平成24年は中長期在留者に特別永住者を加えた在留外国人数である。
　2）平成23年までの「中国」は台湾を含んだ数である。
資料：法務省「外国人登録者統計について」（平成11～22年）、「平成24年末現在における在留外国人数について」をもとに筆者作成

外国人の増加は顕著である。また、表2－1から1990年代以降の動きをみると、特別永住者が多数を占める韓国・朝鮮人が高齢化のため、その全体の数は減少傾向にあり、90年代後半の来日ブームにより中国人の増加が目立つ。さらに、1990（平成2）年の入管法改正で、日系南米人に対して就職に制限のない「定住者」資格が与えられたことにより、2008（平成20）年のリーマンショックまではブラジル人が増加傾向にあったが、その後の製造業の低迷の影響を受け、現在は減少傾向にある。フィリピン人は増加傾向にあったが、経済的要因と興行ビザ発給の厳格化（2005［平成17］年）により、現在はほぼ横ばいである。「その他」は全体的に増加しており、特にアジア系人が増加している。

2012（平成24）年末の在留外国人数は203万3,656人となり、日本総人口1億2,744万人（総務省統計局「人口推計［平成25年1月1日確定値］」）の1.6％を占め、約60人に1人が外国人に当たる。国別では中国、韓国・朝鮮、フィリピン、ブラジル、ベトナムが多く、主に東京都（19.4％）、大阪府（10.0％）、愛知県（9.6％）に在住しており、続いて神奈川県（8.0％）、埼玉県（5.8％）、千葉県（5.2％）、兵庫県（4.8％）、静岡県（3.8％）が多い。

2012（平成24）年に日本企業等に就職することを目的として、「技術」または「人文知識・国際業務」の在留資格で在留資格認定証明書の交付を受けた外国人は1万2,677人であった。そのうち、9,792人は留学生からの就職者で、留学生の日本企業への就職が近年増加している。許可率[*4]は93.8％で前年と比べてほぼ横ばいである。

また、東日本大震災の被災地3県における在留外国人数も、2010（平成22）年12月から2012（平成24）年12月の推移をみると、震災があった2011（平成23）年3月から現在までは人数の減少があまりみられず、福島を除き、宮城・岩手は前年に比べ増加している。3県とも「技能実習」の在留資格者の増加幅が大きい。このことから、在日外国人は被災地の復興に力を注いでいることがわかる。

加えて、「不法残留者数」[*5]は、2013（平成25）年1月では6万2,009人で、前年に比べ、5,056人（7.5％）減少している。

難民認定について、日本は他の先進国と比べて認定者数が非常に少なく、2012（平成24）年に難民認定申請を行った者は2,545人だったが、認定者はわずか18人であった。その他の庇護者[*6]112人を加えた130人が、実質的に庇護を与えた者となっている。

*4　許可率
申請した件数に対して、入国管理局が許可した件数の割合。

*5　不法在留者
「不法残留者」は、不法という言葉が付くのだが、あくまでも入国管理制度で定められた在留期間を過ぎても日本にオーバーステイしているもので、他の法に触れたものではない。またここで示している数は、外国人の出入国記録や退去強制手続情報から推算したものである。

*6　庇護者
難民と認定しなかったものの、人道上の配慮を理由に在留を認めた者。

（2）保育・教育現場の外国人児童生徒の状況

①小・中・高校に在籍している外国人児童生徒について

　従来はオールドカマーの教育に関して朝鮮人学校の問題が存在したが、1990（平成２）年の入管法改正に伴い、日系人を含むニューカマーの増加により、新たに在日外国人の子どもの教育問題がさまざまな形で提起された。これを契機に、文部科学省は1991（平成３）年から公立小・中・高等学校等における「日本語指導が必要な児童生徒の受入れ状況等に関する調査」を継続して行っている。2012（平成24）年の結果は次の通りである。

　2012（平成24）年５月１日現在、公立の小学校、中学校、高等学校、中等教育学校および特別支援学校に在籍する日本語指導が必要な外国人児童生徒は２万7,013人で、学校種別の在籍者数では、小学校では１万7,154人、中学校では7,558人、高等学校では2,137人、中等教育学校では24人、特別支援学校では140人となっている。日本語指導が必要な外国人児童生徒のうち、日本語指導を受けている者は２万3,375人で、割合では86.5％である。

　さらに、文部科学省の「平成24年度学校基本調査」によれば、国立・公立・私立を合わせた外国人児童生徒数は７万6,957人で、全児童生徒数の1,383万1,529人の0.6％を占めている。学校種別の在籍者数では、小学校では４万699人、中学校では２万2,401人、高等学校では１万2,889人、中等教育学校では128人、特別支援学校では840人である。

②保育所に在籍している外国人幼児について

　上記のように、小・中・高校に在籍している外国人児童生徒数の統計データは出されているが、保育所の外国人在園幼児数が示されたデータはない。日本では外国人の子どもには義務教育への就学義務はないが、学習権[*7]という立場から文部科学省は外国人に就学案内を出すように通知を出している。しかし、義務教育に含まれない保育の場合は、厚生労働省からの働きかけがない。日本保育協会が2008（平成20）年に行った「保育の国際化に関する調査研究」によれば、約半数の自治体しか外国人児童が入所している保育所の状況等を把握していなかった（47都道府県、17政令指定都市、39中核市［回収率100％］）。把握している外国人児童数・国籍に関しては、次の通りである。

　外国人児童が入所している保育所数については、50自治体が把握しており、公立保育所1,647か所、私立保育所1,662か所、計3,397か所で多文化保育が実施されている。また、保育所に入所している外国人児童数については、51自治体が把握しており、その数は公立保育所に6,185人、私立保育所に6,123人の合計１万3,337人である。

[*7] 学習権
日本国憲法第26条１項にいう教育を受ける権利について、学習活動を通して成長・発達する学習者の能動性に注目し、人間の発達と学習という観点からとらえられた人権理解の概念である。

保育所に入所している外国人児童の国籍について把握している自治体は31自治体で、把握されている児童数は67か国、1万1,551人であった。そのうち最も多いのが、ブラジル（4,322人）、次いで中国・台湾・マカオ（2,091人）、ペルー（1,207人）、フィリピン（919人）の順となっており、外国人労働者家族が保育所を頼りにしている状況がうかがえる。

第2節　多文化共生の視点と外国人等の福祉ニーズ

（1）外国人教育施策の動き

①外国人児童生徒教育の歩み（1970年代～1990年代）

　1970年代までは、在日朝鮮人生徒の民族学校が閉鎖され、日本の公立学校に強制編入された歴史があり、学校で本名か通名のどちらを用いるのかという問題や就職差別問題があったが、1991（平成3）年の日韓覚書[*8]に伴う文部省（現：文部科学省）通知である「就学案内の通知」を機に、日本政府の外国人の子どもへの管理姿勢[*9]が大きく転換したと言われている。この通知の要点は、「課外での母語・母文化教育の公認、外国籍家庭への就学案内の発送、公立学校教員採用の国籍条項の撤廃の3点」[1)]である。

　1970年代以降は、日本経済の高度成長に伴って増加した「海外帰国子女」や、1972（昭和47）年の日中国交回復を機に帰国した「中国引き揚げ子女」の教育課題があった。文部省は、1987（昭和62）年に「帰国子女教育の手引（引き揚げ者子女関係）」の発行、1988（昭和63）年に「高等学校における帰国子女の編入学の機会の拡大等について」を通知し、また、1987（昭和62）年に国立大学協会も「中国引揚者等子女特別選抜」の実施を発表した。こうした一連の教育対策を経て、文部科学省の1993（平成5）年度『我が国の文教施策』においては、中国帰国孤児子女も含めた「帰国子女教育の充実」を推進することが明記された。

②外国人児童生徒教育の歩み（1990年代～2000年代前半）

　1990（平成2）年を境に「ニューカマー」の子どもたちが急増し、1990年代前半までは地域と学校は外国人児童生徒の受け入れ経験のないままに試行錯誤を繰り返している段階であった。この間、文部省は、1991（平成3）年に「日本語指導が必要な外国人児童生徒の受入れ状況等に関する調査」を開始し、1994（平成6）年から「外国人子女等指導協力者派遣」事業も始まり、翌年には外国人児童生徒の母語ができる人材を「外国人子女等指導者」とし

[*8] 日韓覚書
日韓の協議による在日韓国人の法的地位および待遇改善についての覚書。正式には「日韓法的地位協定に基づく協議の結果に関する覚書」という。

[*9] 管理姿勢
従来の文部省は、在日韓国・朝鮮人の子どもの教育に対し強制的姿勢を示してきた。たとえば、朝鮮人学校を廃止させ、その代り「管理と恩恵」として公立の学校に入学させるという時期があった。また、1966（昭和41）年まで入学時に国内法順守の「誓約書」を提出させていた。

て採用し始めた。さらに、1997（平成9）年「高等学校における転入学者等の受入れの一層の改善について（文部省初等教育局長通知）」、2003（平成15）年に総務省行政評価局「外国人児童生徒等の教育に関する行政評価・監視結果に基づく通知—公立の義務教育諸学校への受入れ推進を中心として—」が通知された。この間には、「学校適応」と「生活言語習得」を目的とする外国人児童生徒教育が本格的に展開され、実践研究の蓄積や指導ノウハウが定着する段階に至った。

③外国人児童生徒教育の歩み（2000年代後半〜）

2000年代後半からは、外国人住民の定住化に伴い、進学志向が強まってきた。この段階では、「学習言語習得」と「キャリア教育開発」を目的とする外国人児童生徒の学力・進路保障が重要になり、地域のボランティア団体の力も加えられてきた。また、教育施策が一層充実し、文部科学省は2005（平成17）年と2006（平成18）年に、「不就学外国人児童生徒支援」事業、「帰国・外国人児童生徒教育支援体制モデル」事業を実施した。2005（平成17）年には総務省が「多文化共生の推進に関する研究会」の設置、2006（平成18）年に報告書「地域における多文化共生の推進に向けて」を発表した。

さらに、2008（平成20）年のリーマンショックを受けて、2009（平成21）年に内閣府に「定住外国人施策推進室」が設置され、「定住外国人の子どもに対する緊急支援」が推進された。また、不就学の外国人の子どもを公立学校へつなぐ「虹の架け橋教室授業」も文部科学省の助成事業として始まった。2011（平成23）年には文部科学省が『外国人児童生徒受入れの手引き』を作成・配布し、学校の管理職、日本語指導担当教員、学級担任、市町村・都道府県教育委員会の役割が詳しく提示され、地域と連携しながら「共生社会」をめざす姿勢がみられた。

しかし、教育の場では、日本語指導教材開発、教師研修なども充実しつつある段階であるが、保育の場では外国人の子どもへの対応が通訳者派遣などにとどまり、まだ手薄い状態である。前述した日本保育協会が2008（平成20）年に行った「保育の国際化に関する調査研究」では、回答があった103の自治体のうち、外国人保育についてのガイドラインがあったのは、大阪市と東大阪市の2自治体のみで、外国人保育のための保育士研修を行っていない園は7割にも上っている。

④多文化共生の視点

2006（平成18）年の総務省の報告書「地域における多文化共生の推進に向けて」のなかで「多文化共生」は、「国籍や民族などの異なる人々が、互いの文化的違いを認め合い、対等な関係を築こうとしながら、地域社会の構成

員として共に生きていくこと」[2)]と定義されている。

　近年ではグローバール化に加え、日本の経済・人口情勢から多文化共生の視点の重要性がさまざまな領域で叫ばれる。しかし、外国人の子どもに自国のアイデンティティーをもたせ、日本社会で自立させていこうとする「多文化共生」の機運が高まったのは最近のことである。外国人の地域運動から生まれる「多文化共生」の要請は、まだ日本社会のマジョリティ（多数派）側の受け入れ準備ができていないことが指摘され、その啓発運動が広範囲に必要とされる。多文化共生教育を可能にするのには、モデリングの意味で有用だとされる教師、保育者自身が正しい多文化理解による行動をすることが重要であることは言うまでもない。

（2）福祉ニーズからみる在日外国人が置かれている現状と課題

①外国につながる子どもとその保護者が抱えるニーズ

　私たちの周りには外国人が身近に存在している。しかし、外国人がどのような生活状況に置かれ、どのような思いで生活し、何を必要としているのか、その社会的認知度はまだ低い。

　外国人住民を「生活者であり、地域住民」ととらえたときに、どのような福祉ニーズが生じるのだろう。まず、外国につながる子どもが困っていることは、「日本語がわからない」という言葉の問題、「学校生活になじみにくい」「外国につながる子どもへのいじめや差別がある」という学校適応の問題、「学校の先生が母国のことを理解していない」「宿題があっても家でできない」といった教師・家族との関係性の問題があげられる。その延長線上に、不就学・不登校の問題が生じ、さらに進学・正規雇用が難しいという困難を抱える。また、文部科学省の2006（平成18）年の「外国人の子どもの不就学実態調査」では、日系南米人の子どもの不就学理由の第1位として、「学校に行くためのお金がない」があげられている。

　一方、外国につながる子どもの保護者が抱える問題として、「意思疎通の不良による治療困難」などの医療問題、障害者手帳取得の困難、オールドカマーの高年齢化支援問題、「給料未払い・搾取」「長時間労働」「労災の不適応」などの労働問題、「子育て家庭の孤立」「子どもの学校不適応」などの子育ての問題がある。

②母語支援と多文化教育の課題

　上記のように、在日外国人家族が抱える福祉ニーズは、日本人のそれと似通った部分も多い。そういう意味で、在日外国人の福祉ニーズを検討するこ

とは日本社会全体のQOLを向上させていくきっかけにもつながる。その一方、外国人家族が抱える特有なニーズとして、保護者は仕事中心で日本語を学ぶ機会がほとんどなく、母語しか話せないのに対し、子どもは学校適応のために日本語習得を優先し、母語が自由に話せない場合が多いことがあげられる。こうして、親子間のコミュニケーションが十分に取れない状況が生じる。

これに関連するもう一つの問題は、外国につながる子どもが母語を使い、自文化を保持する機会が少ないことから、民族的アイデンティティーをもちにくく、自尊感情の低下につながることである。日本語能力の限られる外国につながる子どもが在籍する場合は、「国際教室の設置、日本語指導教師の加配、取り出し授業の実施などの措置はあるが、日本の学校システムへの適応がそれらの支援の目的となっている」[3]。つまり、外国につながる子どもは、「学校に適応して学力をつけていこうとすればするほど、自分の文化や言葉を捨てて、ホスト社会の文化に同調していくことが求められる」[4]のである。

しかし一方で、母語を習得・保持させる意義として、母語の熟達は日本語の伸びに役立ち、教科学習に必要となる概念や知的スキルも同時に学び、親子の言語ギャップを生じさせないなどといったことがある。それらによって、親子関係の促進、自尊感情の形成に効果があることがわかっている。近年、教育の場で母語教育の重要性が認識され始め、大阪府と兵庫県では先進的な取り組みがなされている。たとえば、大阪府教育委員会では日本語教育学校支援事業のなかで母語支援が取り入れられている。筆者が参加した2006（平成18）年度の大阪府公立高校への教育サポーター派遣活動では、その高校の中国人学生に中国の高校で学ぶ国語を教える内容が中心だった。こういった活動は、ボランティアであるサポーター自身の力量と熱意に任される部分が大きいことから、今後は体系づけて展開していくことが望まれる。

その一方、保育の場ではどうだろうか。いくつかの多文化保育に関する調査[*10]からは、保育所の日本人保護者は、「外国人のために母語の文化を教育すべき」を否定的に考える人が8割程度いることが読み取れ、外国人への無意識の同化要望が伴っていることがわかる。反対に、外国人保護者は、子どもの日本語上達、日本文化の習得をポジティブに受け止めている一方、母語や母文化継承の困難が一番の心配事である。また、子どもの自我が芽生える時期や小学校入学前後から、日本社会の差別・偏見にさらされることを心配している。保育者とのコミュニケーションについては、保育者の親切な態度に好意をもつ者が多い一方で、「聞かないと教えてくれない」と情報不足に不満をもつ場合もある。保護者同士の付き合いの現状はあいさつをする程度

---

*10
1）谷正子・森本恵美子・山岡テイ「多文化子育て調査自由記述の質的分析(2)：園生活に関する意見」『日本保育学会大会発表論文集』第56巻 2003年 pp.168-169
2）北沢梅英・品川ひろみ・小内透「外国人多住地域における保育と父母の意識」『日本教育社会学会大会発表要旨集録』第54巻 2002年 pp.122-125
3）日浦直美「多文化共生社会の保育課題に関する研究：(1)保育者と保護者のかかわりにおける障壁について」『日本保育学会大会発表論文集』第56巻 2003年 pp.688-689

とごく浅い。今後の希望では、日本人保護者は、「必要に応じて付き合いたい」「家の行き来ができるほどの深い付き合いはほとんど望んでいない」といった意見が多かったが、外国人保護者は、「家の行き来ができるほど仲よくなりたい」と答える者が多かった。

　厚生労働省の「外国人雇用状況の届出状況まとめ（平成24年10月末現在）」からわかるように、外国人労働者の多くは人手が不足しがちな製造業に就き、日本社会の豊かさを支えているといえる。しかし、ここまで述べてきたように、日本社会で外国人として生きるということは、まだ文化的平等、社会的平等が得られず、さまざまなニーズを抱え、日本社会で孤立していることがうかがえる。外国につながる子どもや保護者がありのままの自分を出せる「成熟した多文化社会日本」に転換するのには、マイノリティ（少数派）の声に耳を傾け、無意識レベルでつくっていた「心の壁」を取り壊していくことから始めることが必要であろう。

● 学びの確認

①近年の在日外国人の人口的な動きの特徴をまとめてみましょう。
②わが国において、在留外国人が多く在住している地域にはどのような特徴があるか調べてみましょう。
③在日外国人の福祉ニーズを整理してみましょう。

● 発展的な学びへ

①今までに外国につながる人とかかわった経験を振り返り、自分の言動が多文化共生の視点に立っていたかどうかを話し合ってみましょう。
②在日外国人の増加が日本社会にもたらす影響を考えてみましょう。
③保育・教育の現場では、外国につながる子どもとその保護者にどのように接すれば、相手が生活しやすいかを考えてみましょう。

【引用文献】
1）辻本久夫「外国人の子どもに関する日本の教育施策の動向」『関西学院大学人権研究』第16巻2012年　p.22
2）総務省「多文化共生の推進に関する研究会報告書」2006年　p.5
3）松尾知明『多文化教育がわかる事典ありのままに生きられる社会をめざして』2013年明石書店　pp.234-235
4）松尾知明『多文化教育がわかる事典ありのままに生きられる社会をめざして』2013年明石書店　p.232

【参考文献】
・五百住満「兵庫県の外国人児童生徒にかかる現状と課題」『教育学論究』　第2巻 2010年
・今津孝次郎「外国人児童生徒教育の実践的研究課題：学校臨床社会学の立場から」『日本教育学会大會研究発表要項』第71巻2012年
・佐久間孝正「『多文化共生』社会における教育のありかた」『学術の動向』第14巻第12号2009年
・志賀文哉「外国人住民に対する政策と支援の要諦：多文化社会のためのソーシャルワークの取り組み」『富山大学人間発達科学部紀要』第7巻第1号　2012年
・日本保育協会「保育の国際化に関する調査研究報告書—平成20年度—」

COLUMN

郷に入っては郷に従え！？

　ある大学の教授と講演会に参加した際に、「どのようにすれば、周りの日本人の方とうまく付き合えるのか」という質問に対し、私はいろいろ頑張って答えたが、そのなかで、「郷に入っては郷に従え」という言葉にふれた。すると、即座にその教授が、「石さんが外国人の立場から謙虚にこう言ってくれるのはよいが、日本の皆さんは外国人にこのように要求するのは問題ですよ！」と補っていただいた。そのことはとても印象に残っている。

　移住する場合は、その土地の習慣に従い、その土地の風俗文化を褒め称えることが、その土地に慣れ、その地域に溶け込む近道になる、ということが小説などにも取り上げられるくらい知られている。しかし、人権、または多文化共生という立場に立てば、これは外国人を日本人に「同化させよう」という大きな問題になる。

　あるアスペルガーの日本人青年が、都会の学校から地方の学校に転校し[11]、その都会の自慢を一方的に話すことがきっかけで、ひどいいじめに遭い、精神科病院に入院することになった。当然、周りの理解と支援の仕方によって、そのような二次的障がいを避けることができたはずだが、このケースからもわかるように、参入者側は行動や振る舞いをコントロールする心構えが必要であり、また受け入れ側も理解する心構えが必要だ。言わば、双方向性なものである。

　ある日友だちが、「石さんといつもこうして話をしているけど、外国人と話している気がしない。だって、私たちと全く同じ人間じゃない」と言ってくれた。私は、「そう言われると、とてもありがたい」と笑って返した。きっと、そういう日本人の方の前で、私は「郷に入っては郷に従え」という固い構えを捨てていたに違いない。

*11
国間だけでなく、異なる地域、人種、階層なども異文化に出会う。そういった意味でこの事例をここで取り上げた。

第3章 外国につながる子どもの保育・教育と保護者への支援

第1節 言葉に関する事例：保育

●学びのねらい

> 第1節では、多文化保育のなかでも特に言葉に関して焦点を当て、以下の4点を学びのねらいとする。第1に、日本語がわからない外国につながる子どもへの保育で入園初期に気をつけなければならない点を学ぶ。さらに、保育者の対応が他の子どもたちにどのような影響を及ぼすのかを考察する。第2に、入園初期に外国につながる子どもの母語を保育者が積極的に使用する実践を通して、他の子どもの興味・関心や遊びがどのように広がっていくのか、その可能性を探る。第3に、日本語を話せるようになった外国につながる子どもの保育では、どのような点に配慮をする必要があるのか、事例を通して考察する。第4に、外国につながる子どもとその保護者の母語の重要性について学ぶ。

（1）外国につながる子どもの言葉と保育

　みなさんが日本の保育所・幼稚園（以下「就学前施設」）に勤める保育者で、担当するクラスに新たに外国につながる子どもが入ることになった場合、どのようなことに配慮をしながら、どのように保育をするだろうか。

　日本の就学前施設に通園する外国につながる子どもの保育で、課題の一つとしてあげられることが多いのは、言葉の問題である。外国につながる子どもについて、「言葉（日本語）が通じないかもしれない」というイメージはもちやすいが、実際にはそれ以上にどのような配慮の必要性があるのだろうか。また、外国につながる子どもが日本語を習得し、「言葉が通じる」ようになれば、何も配慮をしなくてもよいのだろうか。

　就学前施設に通園する「外国につながる子ども」と一言で言っても、実際にはさまざまなケースの子どもたちがいる。保護者とともに来日したばかり

で、日本語が全くわからない状態で入園する子どもや、日本で生まれ育ったが、家庭では保護者の母語を使用しており、就学前施設で初めて日本語環境に入る子どももいる。また、保護者のどちらかが日本人で、日本語と他の言語の両方を使用する子どもや、何年か日本の就学前施設に通い、他の子どもたちと同じくらい日本語を話せる子どももいる。さらに、外国につながる子どもの入園時期もさまざまであり、他の子どもたちと一緒に4月から入園し、他の子どもたちと一緒に就学前施設の習慣等を身につけていく子どももいるが、学年の途中や、進級時に入園する子どももいる。また、保護者の日本語力や方針もそれぞれ異なる。このように、それぞれの子ども自身の特有のもの（性格、語学力等）だけではなく、これまでの滞日期間、家庭での言語環境、入園時期、在園期間、保護者の日本語力等、さまざまな要因により、外国につながる子どもの日本語力も異なり、それゆえ、保育者の援助や配慮も変わってくる。

（2）日本語がわからない外国につながる子どもへの保育の留意点

　はじめに、外国につながる子どもが、まだ日本語が全くわからない場合、または日本語を話さない場合、保育者がどのような点に配慮をする必要があるのかを考えてみたい。

　まだ来日したばかりの外国につながる子どもや、初めて日本の就学前施設に入園する子どもで全く日本語がわからない場合、みなさんは就学前施設での習慣や決まりをどのように伝えていくだろうか。

　外国につながる子どもは、学期や学年の途中から急に入園するケースも多く、保育者は外国につながる子どもの母語や言語発達、多文化保育について十分に学んだり準備をしたりする機会がないまま保育をする場合も多い。そのため、特に、来日したばかりで日本語が全くわからない子どもの場合、保育者も試行錯誤を重ねながら保育を展開することになる。

　途中入園の場合、他の子どもたちが習慣や決まり等をすでに身につけているなかで、保育者は外国につながる子どもに個別に習慣等を伝えていくことになる。そのため、他の子どもたちが外国につながる子どもへの保育者の援助の違いに気づき、注目し始めることもある。

事例1　日本語が全くわからない子どもへの入園初期の援助―イエス・ノー―

> 保育所の2歳児クラスに、4月から日本語が全くわからないA児が入園した。保育者は日本語が全くわからないA児に対して、「イエス・ノー」でクラスの習慣等を伝えていた。その結果、0歳児クラスから入園していた日本人の2歳の子どもは、すぐに保育者の援助の違いに気づき、「○○先生がAちゃんに、『ノーノーノー』って言ってた」と家庭で保護者に繰り返し話をしていた。

　このように、2歳児という幼い段階でも、自分たちへの保育者の援助方法と外国につながる子どもへの援助方法が異なることに気づき、注目し始めることがある。
　一方、他の子どもたちと同時に入園した場合でも、日本語力の違いから、習慣等の理解や習得に差が出始めることもある。

事例2　日本語が全くわからない子どもへの入園初期の援助―否定―

> 　B幼稚園の3歳児クラスに、4月からスリランカ出身のC児が入園した。C児は、母語で他の子どもたちや保育者に話しかけようとし、日本語はわからない状態であった。それに対し、保育者は母語の使用を禁止し、日本語で話すことを促していた。保育者によると、C児は当初は毎日泣いて、保育室を飛び出していたそうである。
> 　5月上旬に、C児が廊下から英語遊びの時間で用いる教材をもってくると、保育者は「Cくん、これどこからもってきたの？　どこにあったの？　外？」と廊下を指し、「これ、△△組のじゃない。ノー、ノー、ダメ」と両腕で×を示した。保育者は、「ねー、どこからもってきたんだろうね」と言いながらC児と廊下に行き、「Cくん、ここから取ったの!?　ノー、ダメ、ノーだよ」と伝えた。C児が廊下の引き出しを指すと、「ダメ、ノー、Cくん。ノー」と頬を膨らませてC児の手をつかみ、教えた。
> 　6月上旬になり、C児が他の女の子のもっていた人形を取ろうと引っ張ると、女の子は「これ、私が遊んでるの」と主張した。保育者が間に入ると、C児は女の子の頭をペンっと1回叩いた。保育者は、「ペンってやるの、ブー」とC児に言って、両腕で×を示し、「ノーだよ、

ノー」と教えた。すると、周りにいた子どもたちも保育者の真似をするように「ブー」「ブブー」と両腕で×を示した。
　6月下旬には、C児が黒板消しで遊んでいたりすると、他の子どもが「Cくんが○○やってまーす！」と、C児の行動を保育者に大声で伝えるようになっていた。

　事例2は、4月から他の子どもたちと一緒に入園した外国につながる子どもの例である。日本語がわからないため、保育者は「ノー」や「ダメ」「ブー」といった否定的な言葉で、C児に園の決まりや友だちとのかかわり方を教えていた。その結果、周囲で見ていたクラスの子どもたちも、保育者の否定的な言動を真似し始め、C児を自分たちよりも下に見ることにつながっていってしまった。さらに、短期間で、保育者がその場にいなくても、外国につながる子どもの異なる行動を子どもたちが保育者に報告するようになってしまった。
　このように、外国につながる子どもがまだ日本語がわからない場合、園での細かな習慣や決まり等を理解することが難しく、また、なぜ怒られているのかがわからないため、他の子どもたちよりも理解や習得に時間がかかることがある。さらに、園の習慣や決まりだけでなく、絵本の読み聞かせの時間なども、絵を見ただけではわからない内容の場合、日本語がわからない子どもたちは、集中力が続かなく遊び始めてしまうこともある。しかし、外国につながる子どもの言動を否定することだけを繰り返していると、他の子どもたちが外国につながる子どもを自分よりも下に見たりすることにつながる危険性がある。そのため、保育者は、自分自身が日本語がわからない子どもに対する接し方のモデルにもなることを意識し、援助方法を考える必要がある。また、園で母語の使用を禁止することは、子どもの母語を否定することにつながる危険性があることもふまえて援助をする必要がある。それでは、具体的にどのような援助方法があるのだろうか。

（3）日本語がわからない外国につながる子どもの母語を活かした保育

　次に、外国につながる子どもの母語を保育者が積極的に使用することで、どのような効果があるのかを紹介する。特に外国につながる子どもが日本語がわからない場合、保育者がその子どもの母語を積極的に用いることで、外国につながる子どもが安心感をもち、活動に参加しやすくなることがある。

事例3　日本語が全くわからない子どもへの入園初期の援助―母語の使用―

　D幼稚園の5歳児クラスには、4歳児クラスの3月から途中入園したロシア出身のE児がいた。

　4月下旬、集まりの時間に保育者が絵本の読み聞かせをしていると、E児は、絵本の内容がわからないため、集中力が続かず、保育者とは反対の園庭の方を何回か振り返っていた。そこで保育者は、読み聞かせが終わった後に、絵本のなかのゾウの絵を指しながら「ロシア、シュト（何）？」とE児に聞くと、E児は「スローン」と答え、保育者と他の子どもたちも「スローン」と繰り返した。すると、E児は、目を大きく開いて「うん、うん」と頷き、笑顔になった。

　E児からロシア語での動物の呼び方をいくつか教えてもらった後、保育者がシマウマを指して、「シマウマ、シュト？」と聞き、C児が「ゼーブラ」と答えると、他の子どもたちが「知ってる！」「英語のゼブラ（シマウマ）みたい！」と一斉に言い出した。保育者が「ゼブラと似てるね」と言った後、今度はネズミを指して子どもたちに、「これは、日本語で何？」と聞くと、子どもたちは「ネズミ！」と答えた。保育者がE児に「シュト？」と聞くと、E児は「ムシュカ」と答え、子どもたちも繰り返した。保育者は、「『これなぁに？』っていうのは、ロシア語で『シュト？』って言うんだよ。みんなも『日本語ではこう言うんだよ』って教えてあげると、Eちゃんも日本語を早く覚えられるからね」と子どもたちに声をかけた。そして、「1回じゃ覚えられないけど、また教えてね、ロシア語」とE児に伝えた。

　E児は6月上旬に退園し、ロシアに帰国した。6月下旬に、子どもたちが保育室の中央に大型積木で飛行機をつくり、飛行機の行き先を決めるときに、操縦士役のF児が「ロシア！」と即答した。そして、操縦をしながら「先生、ロシアって遠いんだよ」と言うと、保育者が「そう。Eちゃんもいっぱい飛行機に乗って帰ったんだよ。まもなく、ロシアに到着しまーす」と答えた。F児は、「そーだ、ロシア語で、『アーグーン、ダー、オーケー、オーケー、オーケー。オーライ、ヘーイ』」とロシア語のような音を発した。

第3章 外国につながる子どもの保育・教育と保護者への支援

　この事例の保育者は、ロシア語の単語集を持ち歩き、実際に普段の保育のなかでもロシア語の単語を使いながらE児に個別に話しかけていた。そして、日本語があまりわからず、絵本の読み聞かせ時に絵本に集中できないE児の様子を見て、保育者はE児が積極的に参加できる時間を設けた。さらに、他の子どもたちにも日本語とは異なるロシア語の存在を伝え、子どもたちと一緒にロシア語を学んでいった。そして、子どもたちにどのようにロシア語でE児に質問をすればよいのか、どのように日本語を教えればよいのかを伝えていた。こうした取り組みの結果、E児が母国へ帰国した後も、遊びのなかで、他の子どもたちから行きたい場所として「ロシア」が出たり、「ロシア語」のような言葉が発せられたのであろう。

　このように、外国につながる子どもの「まだできない」ことではなく、その子どもの得意な部分や知っていることを他の子どもたちの前で積極的に示すことで、他の子どもたちの興味や関心を広げ、外国につながる子どもを自分よりも下に見ないことにもつながる可能性がある。

（4）日本語を話す外国につながる子どもの保育の留意点

　日本で生まれ育った外国につながる子どもや、保護者のどちらかが日本人である子ども、何年か日本の就学前施設に通園している子どもの場合、一見日本語に全く問題がないように感じられることもある。そして、保育者は「外国につながる子ども」とはあまり意識せず、他の子どもたちと同様に援助をする場合も多い。

　しかし実際には、日本語をある程度話す外国につながる子どもにとっても、言葉に関してはさまざまな困難がある。

事例4　日本語を話す子どもへの援助—保育のなかの「学習言語」—

　G幼稚園の4歳児クラスには、3歳児クラスの4月から入園した、保護者がインドネシア出身のH児がいた。H児は日本で生まれ育ったため、日本語も流暢に話した。しかし、保育者はH児について「言ったことを聞いていない感じがする。理解できないこともあるかもしれないが、やらずに『できない』と言う」と捉えていた。また、製作活動でのH児は「お絵描きならばするが、折り紙だと（保育者の説明が）速すぎるのか、『わからない』と言って（保育者の元に）すぐに来る」と感じていた。

　H児は、登園後の所持品の始末など、日課となっていることは理解して自

35

ら進んで行動していた。しかし、6月下旬にプールが始まると、「脱いだ上履きに脱いだ靴下を入れる」などの新たな手順について理解できず、その結果、プール後に靴下がなくて泣いたりする姿が見られた。
　保育者は、H児に対しては他の子どもたちと同じように援助をしていたが、H児の様子を見て、たとえば、製作活動に関しては、他の子どもに説明した後でもう一度H児に説明するなど、3学期には援助方法を変えるようになった。そのようなかかわりの結果、製作活動で毎回泣いて、つくってみずに（保育者のところに）もってきていたのが、3学期の製作活動では、自分でつくってみるようになり、「『わかんない』じゃなくて、『できた』ともってきた」とH児の姿に変化が見られるようになった。

　事例4から、一見日本語に問題のないように思える外国につながる子どもでも、着替えの手順などが新たに加わると、抽象的な細かい指示の理解が難しいことがわかる。また、全体で一斉に説明することの多い製作活動等でも、目で確認できる情報が少ないと、その細かな指示の理解が難しいことがわかる。一方、保育者が子どもの側で個別に教え、目に見える形で援助をすることで、外国につながる子どもが指示を理解しやすくなることも読み取れる。
　一般的に、言葉には、日常生活場面で用いる「生活言語」と、教科学習等の場で必要な思考や認知的活動を支える「学習言語」があることが知られている。さらに、学習言語の習得には、生活言語の習得よりも年数がかかることも指摘されている。保育の場では、小学校以降のような教科学習はないが、製作活動の説明や遊びのルール説明、決まりや手順の指示、素話等、視覚情報が少なく、それまでの日常生活であまり用いられない言葉が多くなる場合、外国につながる子どもにとっては、理解がしにくくなる可能性がある。そのため保育者は、外国につながる子どもの理解力に応じて、個別対応や視覚情報を増やすなどの配慮を考えることが必要となる。

（5）外国につながる子どもとその保護者の母語の重要性

　日本語がわからない外国につながる子どもは、特に年齢が低い場合、入園当初は自分の母語で保育者や他の子どもたちに話しかけていくケースもある。しかし、入園してすぐに言葉の違いに気づき、最初から就学前施設では全く母語を話さない子どもも多い。また、最初は母語で話していたものの、徐々に就学前施設で母語を話すことをやめ、園で保護者が子どもに母語で話しか

けるのを嫌がり、保護者が母語で話しかけても日本語で返事をするようになる子どもも多い。これらは、外国につながる子どもの母語が、他の子どもたちになじみのない言語の場合だけではない。たとえば、外国につながる子どもの母語が英語で、幼稚園では英語遊びの時間が設けられ、クラスには園外でも英会話を習っている子どもも多く、子どもたちが英語に関心を示している場合でも、母語である英語を恥ずかしく思い、園で話さなくなる子どもの姿が見られる。

　一方、保育者は、外国につながる子どもが日本語を話さない時期には母語を積極的に使用していても、日本語が理解できるようになると、日本語のみで他の子どもたちと同じように援助をする場合も多い。また、園によっては、「日本の幼稚園（保育所）に入ったのだから、日本語で」という方針の場合もある。しかし、これらは外国につながる子どもに、暗にどのようなことを伝えているのだろうか。そして、言葉の問題だけでなく、親子関係にどのような影響を及ぼしているのだろうか。次の事例から考えてみよう。

事例5　親子のコミュニケーションツールである母語

　I幼稚園（2年保育）の5歳児クラスには、4歳児クラスの4月から入園した、日本で生まれ育ち、保護者が中国出身のJ児がいた。
　J児は他の子どもたちと日本語で会話をし、一緒に遊ぶことができたが、「シーン」を「チーン」と言ったり、「立つ」を「たっちゅー」と言ったりするなど、発音が曖昧なことがあった。そのため、担任は、J児が日本語を完全にはマスターしていないと捉えていた。しかし、「年長の5〜6月初めごろから、よく話すようになり、顔つきが明るくなった」と感じていた。
　一方、J児の保護者は、7月にJ児について「子どもは、お話は日本語。お父さん、お母さん、お話は広東語」と話していた。そして、J児が家庭で「これ何？　広東語、ママ、お話がわからない（ママの話している広東語が分からない）。（J児は）日本語わかる。広東語わからない」と大声で言うと話していた。さらに、保護者が「ママ（日本語が）わかんないから」と言い、J児に広東語で話すように促すと、J児が「広東語は、意味わかんないから！」と怒鳴ることを話していた。そして、保護者とJ児で言葉が通じないときには、J児の兄が広東語と日本語がわかるため、J児と保護者の間に入って通訳しているとのことであった。
　担任は、5歳児クラスになってからJ児の母語を取り上げることはなかったが、9月下旬の昼食の時間に、主任教諭が「おはよう」や「ありがとう」を中国語で何と言うかJ児に質問していた。J児は「『おはよう』は『おは

よう』」「『ありがとう』は『ありがとう』で、違うものはありません」と主張していた。しかし、小声で「『ママ』は違うけどね」と言うと、近くにいた担任が「え、『ママ』は『ママ』じゃないの？」と言って、真剣な表情で「教えて。覚えたいから」と話しかけた。J児は、うつむいて、うれしくもあり恥ずかしくもあるような表情だったが、担任の質問には答えなかった。

筆者[*1]が9月下旬に「Jちゃん、お母さんの話す中国語わかるの？」と聞くと、J児は、「うん。私とお母さん、中国の人だから。うちのお母さんね、まだね、日本語ちょっとしか知らないんだ。私、外で（日本語を）教えてるの。外（で広東語を話されるの）は、恥ずかしいから。だってみんながいると、結構恥ずかしいから」と話した。実際に、J児が幼稚園で広東語を話す姿は全く見られず、母親が広東語で話しかけてもすべて日本語で答えていた。

*1
筆者は、I幼稚園で週に2〜3回程度子どもたちと直接かかわりながら観察をする「参与観察」を行っていた。この場面は、主体的な活動の時間で、担任が近くにおらず、筆者とJ児の2人で話をしていたときのことである。

　事例5より、入園当初は日本語をあまり話さなかった外国につながる子どもが、1年半も経たない間に保護者と母語でコミュニケーションが取れなくなっていることがわかる。そして、J児自身の言葉から、保護者が日本語をあまり話さないことや、外で保護者と母語で話すことを「恥ずかしい」と捉え、保育者がJ児の母語に関心を示しても、他の子どもたちのいる幼稚園では、母語を決して話そうとしない様子がわかる。

　それでは、なぜJ児は母語を話さなくなったのだろうか。J児は、幼稚園で保育者がすべて日本語で対応するため、「幼稚園では日本語しか使ってはいけない」と思っていたことが考えられる。つまりJ児は、「幼稚園では母語を話してはいけない」という隠れたメッセージを受け取っていたと思われる。子どもは大人に比べ言葉を覚えるのも早いが言葉を忘れることも早いため、J児が母語を使用しなくなっていった結果、保護者とコミュニケーションが取りにくくなった可能性が考えられる。このことは、単に言葉の問題だけではなく、外国につながる子どもが保護者や母語を恥じることや、親子関係の問題、子ども自身のアイデンティティの問題等につながる危険性がある。

　さらに、外国につながる子どもは短期間で母国へ帰国するケースも多い。そのため、日本の就学前施設への適応や日本語の習得といった面だけでなく、帰国後の生活や、その子どもの将来の選択肢を増やすことも視野に入れたうえで、入園初期からの援助を考えることが重要となる。

以上のように、日本語が全くわからない子どもに対してだけでなく、日本語がわかるようになった子どもにも、それぞれ配慮が必要であることを理解することが求められる。

● 学びの確認

- 日本語が全くわからない外国につながる子どもと、日本語がある程度わかる子どもの両者に対し、保育をするうえで配慮する点をまとめてみましょう。

● 発展的な学びへ

- 就学前施設での習慣や決まり等を思いつく限り具体的に書き出してみましょう。そのうえで、日本語が全くわからない子どもにとっては、何がわかりにくいかを想像し、わかりやすく伝える援助方法を書き出して、実演してみましょう。また、よりわかりやすくするために、どのような工夫ができるかをクラスメイトと話し合ってみましょう。
例：靴の履き替え、登降園時の身支度と所持品の始末、弁当・給食の手順、
　　鬼ごっこのルール説明、行事、季節ごとの持ち物や習慣など。

第2節　食事に関する事例：保育

● 学びのねらい

　本節では、外国につながる子どもの食事に関する事例を紹介する。食事に関する援助や食事を通して子どもたちが育つ事例から、保育者にはどのような態度・姿勢が求められ、どのような配慮や工夫を行えばよいのかを考えてみよう。また、各節での多様な事例検討について理解した後に、本書全体をもう一度通読し、多文化保育・教育において保育者に求められることは何かを総合的に捉えてほしい。

（1）保育における「食」

　食事は、人間にとって生命を維持するために欠かすことのできない営みであり、文化を問わず共通している。同時に、食事は単なる栄養補給だけでな

く、食文化として長い歴史のなかでそれぞれの文化において発展してきた。

　保育という生活の場においても、食事は子どもたちの生活の重要な部分である。心身の発達を促す栄養摂取が大前提にあり、同時に、食習慣の定着、食文化の継承、食を通しての人間関係の発展など、食育が進められている。保育所保育指針においては、保育内容の一環として食育が位置づけられており、子どもが「意欲を持って食に関わる体験を重ね、食べることを楽しみ、食事を楽しみ合う」ことが目標とされている。食育推進の留意事項には、「食育のための環境」1) として、食に関する体験の機会を構成すること、ゆとりある食事の時間・環境に配慮すること、食を通した人とのかかわりが育まれる環境を整えること、が望まれている。さらに、「特別な配慮を含めた一人一人の子どもへの対応」2) として、体調不良、食物アレルギー、障がいのある子どもなど、一人一人の子どもの心身の状態に応じた適切な対応が求められている。

（2）外国につながる子どもの保育と「食」

　すべての子どもが意欲的に食の営みにかかわることができ、食べることを楽しむためには、外国につながる子どもの保育においても、食育のための環境を十分に整えることが求められる。保育所保育指針には明記されていないものの、「特別な配慮を含めた一人一人の子どもへの対応」には、外国につながる子どもへの配慮も当然含まれると考えてよいだろう。また、就学前施設において外国につながる子どもとともに生活することにより、子どもたちにとって、食への関心を深めたり、視野を広げたりする機会がより豊かになることが期待される。また、保育所保育指針には、「保育の内容」の「人間関係」における内容として、「外国人など、自分とは異なる文化を持った人に親しみを持つ」*2 がある。日本においても、多様な文化的背景をもつ人々がますます身近な存在になってきているなか、就学前施設での食を通した経験も、子どもたちの周囲の環境への関心の広がりや人間関係の深まりに大きな影響を与えるものになり得る。

*2
保育所保育指針第3章 保育の内容　1保育のねらい及び内容　イ人間関係⑭

（3）保育所での食事をめぐる保護者の悩みと保育者の配慮

　保育所に子どもを預けている、外国につながる子どもの保護者は、保育所での生活にどのような気がかりを抱いているのだろうか。山岡テイらが2000（平成12）年に実施した調査*3 によると、いじめ、裸足保育・薄着に次いで

*3
調査対象・方法：0〜6歳の日本語を母国語としない園児の保護者への質問紙調査。2,002人（65国籍）から回答を得ている。

第3章　外国につながる子どもの保育・教育と保護者への支援

第3位にあがっているのが、子どもが日本語や食べ物に慣れすぎる、という気がかりである（17.5％）。第7位には、食事の材料や味（10.8％）、11位にはお弁当づくり（5.1％）と、保育所での食に関する保護者の気がかりがあげられている。また、日本保育協会による「保育の国際化に関する調査研究報告書―平成20年度―」[*4]でも、保護者の食への悩みとして、「保育園での食事の味に慣れ、親の作る食事を食べてくれない」[3)]があげられている。

一方、外国につながる子どもの保育にあたっている保育者が、食事に関して「問題」ととらえていることとしては、食習慣の違いから、食事に慣れるまでに時間がかかる、宗教上の配慮に細心の注意が必要、朝食をとらない習慣により子どもが午前中活動的になれない、離乳食について保護者の理解を得るのが難しいなどの回答があげられている。そして、これらの「問題点」に対して、各保育所では個別に配慮を行っている。

保育における「食」の意義と、外国につながる子どもの「食」に関する問題点を理解したうえで、保育者はどのような態度をもって子ども・保護者へ配慮すればよいのかを、以下の事例を通して具体的に考えていこう。

＊4
調査対象と方法：①各都道府県、政令指定都市、中核市の保育主管課103か所と、②外国人保育を実施している保育所253か所へ調査票を送付。回収率は、①が100％、②が60％。

事例6　宗教に対する配慮―イスラム教の子どもの食事を通して―

　父親がイスラム圏の国出身、母親が日本人のA児（3歳児）は、イスラム教徒のため豚肉を食べない。A児の保護者からは、保育所の給食で豚肉そのものと、加工品（ソーセージなど）、スープの素に含まれるような豚肉から抽出されたエキス、豚の脂を使わないでほしいという要望があった。Aちゃんの宗教上の食事制限については、入所当初から職員全員でその理由と、具体的に禁じられているものを確認し、間違いのないように代替食を提供している。たとえば酢豚の場合は鶏肉で、ソーセージの場合は魚肉ソーセージを代替に用いる。食物アレルギーの除去食と同様に、できるだけ見た目は同じような工夫がされている。クラスの子どもたちにはA児の代替食の理由については知らせておらず、配膳時とおかわり時に保育者が留意していた。

　ある日、卵アレルギーの子どもは除去の必要がない、「豚じゃが」が出された。いつもは除去食の子も、その日はほかの子と同じ物を食べているが、A児だけは「鶏じゃが」である。見た目はそれほど変わらないため子どもたちが気づくことはなかったが、A児が隣に座っていた卵アレルギーのB児に、「今日はBくんのお肉と違う日だよ」と言った。それを聞いたB児は「先生、Aちゃんはアレルギーなの？」と聞いてきた。

みなさんがこのクラスの担任保育者であったなら、Ｂ児の質問に対してどのように答えるだろうか。イスラム教では豚肉を食べることが宗教上禁じられていることは比較的知られている。イスラム教の聖典コーランに明記された、守らなければならない戒律である＊5。宗教の違いによる食べ物への配慮のポイントについて、ここではイスラム教の場合の本事例に基づき、4点あげる。

第一に、イスラム教の子どもを受け入れる場合、日本人保育者の意識を高めることである。多くの日本人にとっては、イスラム教の禁忌食物についての正しい理解は容易ではないかもしれない。しかし、食物アレルギーではないので、たとえ間違って口にしたとしても、食物アレルギーほど深刻ではないだろう、などと考えることは禁物である。イスラム教徒にとっては、教義に背くことになるため大問題なのである。イスラム教についての基本的知識についての情報収集を行う等の努力も欠かせないが、相手の立場を想像しようとする努力が前提である。

第二に、保護者との十分なコミュニケーションを取ることである。同じイスラム教徒でも地域差や個人差があるため、決してひとくくりにせずに個別化した対応が必要である。入園時には、食べ物をはじめとした宗教上の配慮事項は細かく確認し、どこまでを保育所で配慮するのか話し合いを重ね、合意を得ておかねばならない。求められる慎重さは、食物アレルギーの場合と同様である。

第三に、職員間での情報共有である。情報共有といっても、単に「Ａ児はイスラム教だから豚肉はダメ」というだけでなく、イスラム教徒にとって戒律を守ることの意味、イスラム教徒として日本で生活することでどのような困難があるのか、などを職員全員で共有し、理解しておかねばならない。

第四に、クラスの子どもたちの多文化理解の機会として意識することである。Ａ児の事例の場合、当初、保育者は食物アレルギーと同様に食事時の配慮をしていたが、クラスの子どもには説明をしていなかった。その状態が、ある日のＢ児の疑問で変化したのである。事例の続きを紹介しよう。

Ｂ児の突然の質問であったが、保育者は「Ａちゃんはね、Ｂくんみたいな食べ物アレルギーとは違うのよ」と答えた。そして、「Ｂちゃんはまんまんちゃん＊6するでしょ？　Ａちゃんのおうちにはね、まんまんちゃんじゃなくて、イスラムの神様がいて、その神様は、豚肉を食べてはいけませんよ、って言ってるから、Ａちゃんのおうちではそれを守ってるの。だから、Ａちゃんは豚

＊5
厳格さのレベルには地域差・宗派差がみられ、肉と加工品を禁じている場合もあれば、ゼラチン・スープまで禁じている場合もある。また、イスラム教の教義にのっとって食べることが認められた食物（ハラルフード）でなければ口にしてはならない、調理器具・食器もハラルフード専用の物を使用しなければならない等の決まりもあるが、イスラム圏以外の国に滞在する場合は現実的対応を行っている場合もある。

＊6
関西地方の幼児語で、仏様を拝むことをいう。

肉の代わりに鶏肉のおかずなんだよ」と話すと、B児だけではなく、A児や同じテーブルで食べていた他の子どもたちも、しっかりと耳を傾けていた。

　この場面の保育者の対応が、子どもの多文化理解の鍵になるだろう。「Aちゃんはアレルギーなの？」という質問に、イエスと答えてしまうことも可能であるだろうが、本事例の保育者は、この質問を多文化理解のチャンスととらえて、信仰の違いによって食べ物が異なることもある、ということを3歳児ができるだけ理解できるように伝えることを試みた。本事例は3歳児であったこともあり、その後も食事場面でA児の代替食への関心は続いたものの、それ以上の内容（たとえばクラスでお祈りについての話をするなど）への発展はみられなかったが、年齢が上がるにつれ、多様性を受け入れること、視野を広げることを目的とした継続したかかわりが可能だろう。

事例7　「Cちゃんのお弁当くさい！」から、「つくって食べるとおいしいね！」へ—食文化の多様性を受け入れるまで—

　昼食はお弁当を持参する園での事例である。ブラジル人のC児（5歳児）がもってきたお弁当には、ブラジルで定番料理の豆の煮物「フェジョン」が入っている。フェジョンとはポルトガル語で「豆」を意味し、茶色や黒のインゲンマメなどを玉ねぎ・にんにくと煮込んだシチューのような食べ物で、ブラジルでは昼食・夕食にご飯にかけて食べ、日本でいえば味噌汁のような定番料理である。

　C児がお弁当箱を開けると、ご飯の上にフェジョンがかかっており、見た目は茶色一色で、にんにくの香りがする。C児の隣に座っている、新しく入園してきた日本人のD児が、C児のフェジョンのお弁当を見て、保育者に何か言いたげな様子である。保育者が近づくと、「Cちゃんのお弁当なんか変だし、くさい」と言う。保育者は「そうかなぁ、おいしそうだよ、なんていうおかずか聞いてみようね」と言い、C児に「Cちゃん、Dちゃんにそれなんていうおかずか教えてあげて」というと、C児は自信をもった様子で「フェジョンだよ、おいしいよ」と教えていた。周りの子どもたちはすでに知っているので、「フェジョンってブラジルの食べ物だよ」「くさいって言ったらだめだよ」と口々に言っている。D児はほかの子に注意されたこともあってか、納得いかない様子である。保育者は、「Dちゃんはフェジョンを初めて見たから、なんか変だな、くさいな、って思ったんだね。Cちゃんの国では毎日食べるおかずなんだよ。今度一緒に食べてみようよ」と声をかけた。

本事例の保育者は、Ｄ児の「くさい」という発言に対して、自分はくさいとは思わない、おいしそうだと思う、というメッセージを伝えたうえで、Ｄ児が初めて見るであろうフェジョンについて、「なんというおかずか聞いてみよう」と保育者自身が教えるのではなく、Ｃ児本人から教えてもらうよう促している。

　フェジョンのお弁当を「変」で「くさい」と感じたＤ児の発言を、保育者が即座に否定しなかったのはなぜだろう。Ｄ児が初めて出会ったフェジョンに対して、このような気持ちをもつことは自然なことであり、みなさんも、異なる文化の食べ物に初めて出会ったとき、Ｄ児のような気持ちになった経験はないだろうか。Ｄ児の発言に対して、「そんなこと言ってはいけません」という対応で終わってしまうと、Ｄ児が率直に感じた見知らぬ物への不快感は何も解決されない。子どもの表現には必ず意味があり、一見否定的なＤ児の発言も、「なぜそう言ったのか」を考えて対応することが必要である。

　同時に留意すべきことは、Ｄ児へのかかわりだけでなく、Ｃ児へのかかわりである。Ｃ児は自国を代表するような国民食であるフェジョンに誇りをもっており、その食べ物に否定的な反応を受けることは、自分の文化に対して否定的な反応を受けることになる。Ｃ児には、Ｄ児の発言は、Ｄ児がフェジョンのことを知らず、新しい物への不安から生じたものであることを伝える必要がある。また、Ｃ児自身もなじみのない日本の食べ物を口にしたときに拒否感や不安な気持ちになった経験を保育者と一緒に思い出すなどして、Ｄ児の発言の背景を伝え、Ｃ児の文化への誇りを尊重する配慮が保育者に求められる。

　本事例では、その後、クラスで毎月１回実施している料理体験の時間に、フェジョンづくりをすることにした。Ｄ児や他の子どもには、料理体験を通して関心をもってもらい、Ｃ児には自国の文化への誇りをもってもらう、ということが目的である。講師にはＣ児の母親に来てもらうことになった。

　前日から、子どもたちと一緒に豆を洗い、水につけ、当日は、豆を煮ている間に、子どもたちが玉ねぎとにんにくを切り、交代で炒める。煮あがった豆をいれて煮込み、完成である。Ｃ児の母親に説明してもらいながら、保育者が子どもたちのサポートを行う。材料は日本の家庭でも使うものであることがわかり、さらに炒めるときのよい香りで、子どもたちは早く食べたいといった様子だ。完成後、Ｃ児の母親を囲んで全員でいただく。Ｃ児は得意気な様子で、Ｄ児も「おいしい」とパクパク食べていた。

　実際に調理する体験により、食材を理解すると同時に、友だちと一緒につくった一体感・達成感によって、食への関心が生まれる。調理済みのものを

食べるだけでは得られない経験である。本事例ではその後、フェジョンのレシピを保護者に配布し、家庭でもつくってみるよう促している。昼食時のD児の発言への対応で終わることも可能ではあるが、その場での対応にとどめずに、子どもたちが食文化の多様性をポジティブに受けとめることができる仕掛けづくり、さらに家庭への広がりを目的とした工夫を実施することにより、子どもたちの理解はより深いものになるだろう。

事例8　一人で食べられるようになるまでは…―食に関する子育て文化の違いに気づく―

> 　1歳児クラスのE児はアルゼンチン出身である。保育所では給食時に一人で食べる力をつけるため、子どもが自分で食べることを尊重して保育している。まだまだ上手に口に運ぶことは難しいが、子どもたちは食べることに意欲的である。口の周りはもちろんのこと、髪の毛にもごはんがついたり、手も机もいすもベタベタだ。床にはシートが敷いてあり、子どもたちが食べ終わって午睡に移ると同時に掃除をする日々である。
>
> 　ある時、E児の母親がお昼寝の前に迎えに来ることになった。母親が迎えに来たときは、ちょうど食事の真っ最中で、いつも通りのベタベタ・ぼろぼろの状態であった。母親はその光景を見て驚いた様子でE児のそばに行き、スプーンでおかずやご飯をE児の口に運んでいる。保育者は、「Eちゃんはだいぶ自分で食べられるようになっていますよ」と言うが、母親は「でも、汚いね」と眉間にしわを寄せる。
>
> 　後日、スペイン語と日本語が堪能な別の母親が、E児のお母さんが怒っていると伝えてきた。なぜ保育者が子どもに食べさせてくれないのか、あんな汚い状態で毎日食べているのはかわいそうだ、と言っているという。

　本事例では、子どもの自立を促す保育が、E児の母親にとっては、子どもが「かわいそうだ」という状況に映っており、双方に「ずれ」が生じている。

　子どもが食べ物を手づかみで食べる時期は、「食べ物の感覚を確認し、受け入れようと学習している」[4]のであり、この時期を経て自分で食べようとするため、保育者は子どもの自発性を尊重している。実はラテンアメリカなどの子育て文化では、幼稚園児になっても親が子どもに食べさせる、歩けるようになっても抱っこするなどの習慣があるのだが、保育者が文化的違いに

気づかない場合、E児の母親の訴えを「食育についての知識がない」「食べさせてしまうとEちゃんの育ちを阻害してしまう」と、E児の母親の「理解のなさ」として受け止めるかもしれない。

　保育者と保護者の子育て観に「ずれ」がある場合、保育者に必要な態度とは何だろう。それは、立ち止まって「なぜだろう？」と考えてみることである。私たちが「当たり前」だと思うことが、他の文化でも当てはまるとは限らない。E児の母親の訴えのような、「当たり前」と異なる状況に直面したときに、「わかってくれない」「批判的だ」と考えてしまうのではなく、「なぜだろう」と立ち止まることで、当たり前の枠組みをいったん外してみることが可能になる。そこで、「もしかしたら、E児の文化では違ったかかわり方があるのかもしれない」と考えてみることができれば、E児の母親の考えを聞いてみる、という道が開けてくるのである。

（4）保育者に求められること

　食事に関連した事例を通して、外国につながる子どもへの直接的支援と、生活をともにする他の子どもたちへの支援、保護者への支援がみえてきたと思う。これらの事例は、外国につながる子どもを受け入れている保育現場ではよく起こる事例であり、いずれの事例にも共通して言えることは、保育者自身の文化的多様性に対する敏感さと柔軟さ、自分のなかの「当たり前」を基準に対応していないだろうか、という自問といった態度が保育の鍵になるということである。

　外国につながる子どもの保育は、子どもたちの育ちだけでなく、保育者自身が育つ機会も多いと言える。斉藤こずゑは、「異文化の子どもを迎えた保育現場は、自己の視点への文化の暗黙の影響などが明らかにされ、『自他の関係を見る視点』を与えてくれる恰好の場といえます」[5]と述べている。外国につながる子どもと過ごす保育の日常のなかで、保育者は、自分のなかの「当たり前」の枠組みが何かに気づき、その枠組みを外すことが容易ではないことに気づく。この難しさを超えたときに、保育者自身の考え方や価値観がより豊かに変化し、子どもたちの多様性を尊重した丁寧なかかわりにつながっていくのである。

●学びの確認

・各事例において、保育者に必要な態度・配慮・工夫は何か、事例を振り返りながら整理してみましょう。

●発展的な学びへ

・食に関する、自分自身の「当たり前の枠組み」に気づけるよう、さまざまな食文化に出会う経験を増やしたり、食をめぐる子育て文化について調べてみましょう。

第3節　保護者への支援の事例：保育

●学びのねらい

外国につながる子どもや保護者の現状と背景は多様である。文化的な背景など多様な背景を理解して初めて、それぞれの子どもや保護者に適切な支援を行うことができるのである。外国につながる子どもの保護者は、外国人就業者（日系人を含む）や海外からの帰国者など多様であり、国籍や言語、宗教などの文化的な背景もさまざまになる。

本節では外国につながる子どもの保護者のなかでも特に外国人の保護者に焦点を当て、その支援を事例で解説していく。

（1）外国人の保護者への配慮

外国につながる子どもの保育、保護者への支援にあたっては、その家族的な背景を考えることが重要である。現在では、日本で生まれ育った外国につながる子どもたちも多くなっている。日本育ちの外国につながる子どもの場合においても、しっかりと子どもの実態（家庭での言語、文化の背景など）を把握し、そのうえで支援する必要がある。

①初めの一歩

就学前施設への入園の場合、子どもの生活・学習環境が大きく変化する時期は特に戸惑うことが多いため、外国人の保護者に対してきめ細やかな情報提供や配慮をする必要がある。

入園式は子ども・保護者と保育者との顔合わせの場でもあり、どのような環境（保育者・園舎・固定遊具・保育室等）があるのかを知る機会にもなる。外国につながる子どもに"明日も行きたい"という第一印象を感じさせることが大切である。そのためには、保育者は、絵本・指人形・エプロンシアター等を使ったり、海外の歌などを取り入れたりしながら、子どもの不安感をできるだけ解消させ、それが保護者への安心感につながるよう配慮することが大切である。

②温かな空間

　外国人の保護者は、子どもが就学前施設で他の子どもとかかわりをもてずに困っていたり、遊び方がわからず泣いていたり、言葉を理解できずに不安になっていないかと、心配事が山積みになる。わが子が「今日、保育園（幼稚園）で先生が僕（私）に優しくしてくれた」と、うれしそうに報告するこんな些細なことが、保護者の情緒の安心・安定につながっていくのである。

　下記は、外国人の保護者への配慮についての事例である。

事例9　保護者同士をつなぐ保育者

> 　A児（4歳）と両親は中国籍である。日本に来て1年が経過したが、中国人に囲まれた生活をしていたため、A児が日本の環境にふれたのは、保育園に入園してからであった。
> 　保育園では4月に親子遠足があり、A児は遠足をとても楽しみにしていた。親子遠足のため、中国籍の母親も同行したが、母親はまだ、日本になじめておらず、遠足に行くことに抵抗感があり不安もあった。不安は的中し、他の保護者から話かけられてもうまく答えられなかった。
> 　しばらくしてお弁当の時間になったが、他の園児と楽しそうにお弁当を食べるA児に対して、母親は浮かない顔をしていた。そんなとき、A児の隣でお弁当を食べていた日本人のB児が、A児のお弁当のなかに入っていた「ちまき」を見つけ、「お母さん見て！　見て！」と叫んだ。B児の母親はちまきを見て「Aちゃんのおうちでも、ちまきを食べるのね」と驚いた様子であった。それを見ていた保育者は、A児の母親とB児の母親をつなげるチャンスと考え、「Bちゃんのおうちでもちまきを食べるんですよ」とA児の母親に片言の中国語とジェスチャーで伝えた。B児の母親も身振り手振りで「同じ、同じ」とA児の母親に伝えた。
> 　このことがきっかけとなり、A児の母親は少しではあったが、B児の母親や他の保護者と話すことができた。嫌々行った遠足ではあったが、保育者の配慮があり、A児の母親にとっては日本の保護者と接するよい機会となった。

就学前施設に入園すると保育者は１年間の行事を保護者に説明する。理解しにくい行事については何か月も前から、特に、外国人の保護者にわかりやすく伝達していくことが必要である。たとえば、遠足については、時期、持ち物、遠足の場所等の資料をイラスト入りで作成し、必要があれば通訳者（ボランティア等）を交えて、丁寧にわかりやすく説明する。そうすることによって、外国人の保護者に遠足を理解してもらうことになり、保護者と保育者の信頼関係が生まれていくことになる。

　また、遠足に備え、日本人の保護者、たとえば、役員や他の保護者にＡ児の母親を紹介しておくことや、母親の気持ちを伝えておくと、遠足で保護者同士が理解できるよい機会となる。外国人の保護者と他の保護者が子育てという共通点から気持ちを共有・共感し合い、楽しい仲間づくりができるように配慮することも必要である。

（２）外国人の保護者との関係づくり

　外国人の保護者と関係を築いていくためには、保護者の母語や母文化とは異なる保育環境であるうえに、社会・経済的な条件の変動によりさらなる困難に直面する場合もあるという実情をしっかりと把握しておくことが大切である。そのうえで保護者支援を行うことで、外国人の保護者との信頼関係が構築されるのである。

①保護者との信頼関係を築く

　保護者に安心感を与えるためには、保育者は、保護者と綿密に連絡を取り、何に困っているのか、具体的に聞き取って接していくことが大切である。そのための方法として、外国につながる子どもの生活環境が一目でわかる家庭訪問や保護者への個人面談などが有効である。その際、保護者に子どもが生活している保育室を案内するのもよいことである。保護者が一人で不安のようならば両親揃っての面談や、保護者の身内（兄弟や親せき）や仲良しの友だち、通訳やボランティアなどを同伴させる方法もある。できる限り丁寧に接することがポイントである。

　保護者も保育者も子どもの心身の成長を願うという気持ちは同じである。こうしたかかわりの積み重ねによって、保護者との信頼関係が築かれていくのである。

②連絡帳の活用

　お便り帳・連絡帳は、就学前施設（保育者）と家庭（保護者）が情報を共有するツールである。しかし、外国人の保護者が日本語を読むことができな

い場合もある。そのため、外国人の保護者の環境や背景を十分に意識して記載することが重要である。保育者は外国人の保護者がどのくらい日本語がわかるのか、どの言語ならば理解できるのか等を十分に理解しておくことも大切である。保護者がこの保育者に出会えてよかった、安心した、と不安が取り除かれる気持ちになるような気配りある連絡帳にしたいものである。そのためには、外国人の保護者が理解しやすいようにイラストを交えて作成するのもよい。また、降園時には連絡帳に記入したことをジェスチャーで伝えることも、保護者が保育者に親しみをもつきっかけになるであろう。

事例10　園便り

> ブラジルからきたC児家族（C児と両親）は日本に来て半年になる。両親が共働きになったため、C児が3歳になったことをきっかけに保育園に預けることとなった。
> 保育園からは月に一度園便り・給食の献立・保健便りが配布されるが、C児の両親には何が書いてあるのか全くわからず、母親が保育者に聞くが、保育者自身もポルトガル語をわからず、あたふたとした対応になった。そのためC児の忘れ物も多くなっていった。

　就学前施設では園便り・保健便り等のお便りが各家庭に月1枚は配布される。このお便りの中身が文字だけでは、日本に来てまだ日が浅いC児の両親にとってはどんな内容が書かれているかを理解できない。お知らせのキーワードになるものはわかりやすいイラストで示すなどして、保護者が理解できるように工夫する必要がある。保育者の専門技術を駆使してお便りのなかに優しさを届けたいものである。

　また、C児の両親は日本にまだ慣れておらず、お便りを読んで理解する時間や精神的余裕がない。そのため、必要に応じて他の保護者に配布するものとは別にC児の保護者用にイラストや補足のお便りを作成するのも一法である。イラストや補足のお便りを有効に活用し、保護者との顔の見える関係を築いていきたいものである。

（3）子どもの食事について

　たとえば、イスラム教圏の子どもたちの場合、「第2節　食事に関する事例：保育」でも述べているが、配慮が必要である。宗教的理由から日本で出されている食品のなかに口にしてはいけないものが多く含まれているからである。一般によく知られている「豚肉を食べない」ことだけではなく、宗教的な判断による禁忌はその国や地域、宗派的な理由からさまざまに異なることが知られている。その判断は、まず保護者によることになるので、就学前施設では保育者のみならず、栄養士、調理員などとの連携で確認し、対処する必要がある。

　また、就学前施設において宗教的な実践であるラマダン（断食月）[*7]の行事を子どもが行うかどうかなどについても保護者と事前に相談を行い、判断する必要がある。これらの場面では、基本的には保護者の宗教的な判断を尊重することが多く、受け入れ初期に共通理解をしておくことが重要である。こうした配慮は、さまざまな宗教に言えることであり、外国につながる子どもの文化的な背景の理解は重要な視点となる。

*7　ラマダン（断食月）
イスラム社会で使用されているヒジュラ暦の第9月。この月の1か月間は毎日、イスラム教徒の義務として日の出から日没まで断食（サウム）を行う。

● 学びの確認

- 保育者が外国人の保護者に対して配慮しなければならないポイントをまとめてみましょう。

● 発展的な学びへ

- 実習先等で外国につながる子どもや保護者がいた場合、先輩保育者がどのような対応をしていたかを思い出し、その対応について話し合ってみましょう（実習先に外国につながる子どもや保護者がいない場合や、まだ実習に参加していない場合は、学生生活のなかでどのような学びや準備が必要なのかを考えてみましょう）。

第4節　入学に関する事例：小学校

● 学びのねらい

> 義務教育については、「日本国内に居住する者であっても、その者が外国人である限り、その子を小・中学校等に就学させる義務は生じない」[6]とされている。つまり、保護者が就学手続きをしない限り、外国人の子どもは日本の公立小学校へ通うことができないのである。
> このような現状のなか、外国人の子どもが安心して入学式を迎えることができるために、私たちができることを考えていこう。

（1）外国人児童に関する就学手続き

事例11　公立小学校の手続き―保護者の事例―

> 現在5歳のA児は、外国人が集住するB県C市にある外国人向け託児所に通っていた。A児はフィリピン生まれで、3歳のときにフィリピン人の両親と一緒に来日した。公立保育園の入園を希望したが待機児童が多いため、送迎付きで19時まで託児サービスのある民間の外国人向け託児所を選択せざるを得なかった。
> ある日母親は、この外国人向け託児所の経営者に来年4月からのA児の進路について聞かれた。母親は日本の学校制度を知らなかったので、経営者からの説明で娘が公立小学校に入学できることを初めて知った。そこで、同じ外国人向け託児所を利用するフィリピン人保護者に相談してみると、「幼稚園や認可保育所に通った人でないと公立小学校の入学手続きができないらしい」という噂話を聞いた。日本語がわからない母親は、どのような手続きを行えば娘が公立小学校に入学できるのか、とても不安を抱いていた。

　外国人の子どもが公立小学校へ入学するための必要な手続きとはなにか。ここでは外国人が多く暮らす岐阜県可児市の具体的な手順を例に、日本人児童と外国人児童の手続きの内容を比較してみよう（表3－1）。
　表3－1のように、「義務教育は生じない」と扱われている外国人児童の手続きにおいて、日本人児童には不要な書類が必要であること（可児市では、

第3章　外国につながる子どもの保育・教育と保護者への支援

表3-1　新小学校1年生が入学に至るまでに可児市教育委員会（学校教育課）が行う手順（2013年度）

項目	月日	日本人	外国人	対応書類
就学時健診用名簿作成	9月1日	住民基本台帳をもとに、9月1日現在の来年度就学年齢に達する新入学生対象者を抽出し、住所、氏名（ふりがな）、生年月日、性別、保護者名・世帯主名、日本人と外国人別の五十音順、行政区順の名簿作成を岐阜県市町村行政情報センターに委託する。その後、名簿一覧表をストックホームで保管　就学時健康診断票、就学通知情報センターに委託する。新入学生名の印字を岐阜県市町村行政情報センターに委託する。子どもの国籍コードを表示してもらい、名簿をもとに外国人分のみ別にする		❶就学時健康診断通知書
	9月中旬	各学校から案内文等を発送	学校教育課・窓口で来年度就学希望者の入学手続き受付　総務課で外国人児童を把握して案内を配付し、外国人就学願を提出してもらう。提出がない場合には、個別訪問で確認する　・提出書類：外国人就学願（❷）、パスポート・在留カードの各コピー一の計3点　※「韓国・朝鮮」籍のうち特別永住者は、日本人と同様の対応のため、上記の書類提出は不要（以下同様）	❷外国人就学願
就学時健診案内・送付①	9月中旬	可児市内の各幼稚園・保育所に各小学校の就学時健康診断の日程案内（❸）		❸学校に入学するときの健康診断のお知らせ　❶就学時健康診断通知書
就学時健診案内・送付②	10月1日	就学時健康診断通知の葉書を発送後、至急発送　葉書を納品後、至急発送	10月1日時点の住所、保護者名・世帯主名、新入学生名で葉書とともに（❶）、就学時健診の日程案内文書を発送（❸）	❶就学時健康診断通知書　❸学校に入学するときの健康診断のお知らせ
就学時健診準備		健診実施前に就学時健診通知対象の転出入者の場合は、個別対応。転出者は住民票の転出先で受診。転出入等の異動は総務課に依頼して確認して対応　就学時健康診断は、基本的に可児市のみ実施。転入予定者は可児市へ転入確認と約書を提出（❹・❺）　※保護者から就学猶予、就学免除者、養護学校進学希望者等などの連絡があった場合のみ個別対応	就学時健康診断は、基本的に可児市に在留カードのある人のみ受診　※保護者から、就学猶予、就学免除者、外国人学校、ブラジル学校、インターナショナルスクール（朝鮮学校などへの進学希望の連絡があった場合、個別対応する。特にその後の追跡調査や事実確認は実施しない	❹転入確約書　❺転入確約書の説明文

53

項目	月日	日本人	外国人	対応書類
就学時健診実施	10月中旬	各学校にて、就学時健康診断実施（❻・❼・❽・❾）	必要に応じて通訳者が対応する　※健診終了後、担当教師が個別に保護者と面談し、健診結果を文書とともに伝える。また、通訳者対応の学校説明も実施	❻就学時健康調査票（当日の案内） ❼家庭環境調査票 ❽就学時健康診断の流れ説明 ❾就学時健康診断結果のお知らせ
就学時健診後		健診実施後に新入生の転入者があった場合は個別対応 ○転出者の場合：転出先の学校が教育委員会に健康診断票を送付してもらう（保護者・児童の氏名、現住所、転出先学校名、転出予定日、転入学校名、連絡先を確認し、入学名簿から削除） ○転入者の場合：前所在地で受けた健康診断票を教育委員会・学校教育課窓口に提出してもらう ↓ 転入確約書の提出（12月1日～3月下旬・終業式まで） ・保護者に転入確約書を送付（または窓口に来てもらう）し、記載後窓口にFAXで送付し、保護者からも連絡してもらう（❹・❺）	○転入者の場合：「外国人就学願」提出者は、「外国人就学願取下げ書」❿を提出 ○転入者の場合：来年度就学希望者入学手続は、学校教育課・窓口にて随時受付（❹） ・提出書類：外国人就学願（❷）、転入確約書（❺）、パスポート・在留カードの各コピーの計4点	❷外国人就学願 ❹転入確約書の説明文 ❺転入確約書 ❿外国人就学願取下げ書
入学準備連絡	1月1日	1月1日現在の入学通知書発送用の新入学児童名簿を作成	1月1日現在の「外国人就学願」申請者を対象に、入学通知書発送用の新入学外国人児童名簿を作成	
入学説明会	1月中旬～（2月中旬）	各学校で入学説明会を実施（⓫） ※各学校が企画運営し、日時も違う。案内は各学校から保護者に通知（就学時健診と同日に行う学校もある）		⓫入学学校説明会のお知らせ
入学通知	1月31日	入学通知書発送用の新入学児童名簿をもとに、小学校入学通知書（葉書）を新入学児童と保護者宛に発送⓬、新入学外国人児童には⓭も送付		⓬小学校入学通知書（日本語版） ⓭小学校入学通知書（多言語版）

第3章　外国につながる子どもの保育・教育と保護者への支援

項目	月日	日本人	外国人	対応書類
入学通知書発送後	2月上旬〜3月上旬		総務課より、新入学生対象者の追加分の住所、氏名（ふりがな）、生年月日、性別、保護者名・世帯主名、学校区が明記された名簿を受け取り、外国人新入学対象者名簿の作成。その後、就学案内を就学対象者および帰国者以外の保護者宛に郵送 ⑭ 学校教育課・窓口で来年度就学希望者の入学手続きを随時受付 ④ ・提出書類：外国人就学願 ②、転入確約書 ⑤、パスポート・在留カードの各コピーの計4点。その後、小学校入学通知書 ⑫ を発行	②外国人就学願 ④転入確約書の説明文 ⑤転入確約書 ⑫小学校入学通知書（日本語版） ⑭小学校入学について
		入学通知書発送後の異動者や転出入者があった場合は個別対応		
		○私立小学校など異動者：異動先や私立校の入学証明書を送付し、入学通知書を返却 ○転入者の場合：入学通知書は、可児市に住民票が移動してから発行する。可児市への住民異動届のうしを持参した場合、1月31日以降は学校教育課で小学校入学通知書 ⑫ を発行する。（この場合は確約書は必要なし） ○転出者の場合：入学手続きを完了者として扱う	○私立小学校や外国人学校などへの異動者と転出者の場合：入学通知書受理者は、その葉書を返却し、「外国人就学願取り下げ書」⑩ を提出 ○転入者の場合：入学手続きを随時受付 ④ ・提出書類：外国人就学願 ②、転入確約書 ⑤、パスポート・在留カードの各コピーの計4点	②外国人就学願 ④転入確約書の説明文 ⑤転入確約書 ⑩外国人就学願取下げ書 ⑫小学校入学通知書（日本語版）
	3月下旬（学級編成の締め切り・終業式後〜入学式まで）	学級編成の締切り以降に転入者があった場合は個別対応 転入確約書を提出せず、学校に連絡を取り、窓口で対応、4月1日付けで市民課に連絡をし、その後学校が小学校入学通知書 ⑫ を発行	外国人就学願 ②、パスポート・在留カードの各コピーの計3点を学校教育窓口に提出。その後学校に連絡を取り、4月1日付けで市民課が小学校入学通知書 ⑫ を発行	②外国人就学願 ⑫小学校入学通知書（日本語版）
		入学式		

注) 対応書類の対応言語は、日本語、ポルトガル語、英語の3言語

出典：小島祥美・中村安秀・横尾明親『外国人の子どもの教育環境に関する実態調査―行政・民間団体・大学研究者による協働研究調査　2003年度調査の補充・追加報告書』可児市国際交流協会　2004年　pp.54-56を一部改変

「外国人就学願❷」が必要である）、進路変更した際には積極的に手続きを行わない限り入学できないこと（可児市では、「外国人学校へ進学希望」「帰国予定」等と返答した外国人児童の追跡調査や事実確認は実施されない）など、異なる扱いがあることがわかる。

　自治体が日本人（日本国籍）の子どもの保護者に対して就学通知書を出すことは法的義務であるが、外国人（外国籍）の子どもの保護者に対しては、通知を出す義務はない。そのため、就学案内の仕方や説明方法などは各自治体に任されているうえに、外国人住民に誤解を与えるような情報がいまだに発信されている*8。そのため、国によって義務教育期間が異なることなどの事情等もあり、保護者の理解や誤解によって、子どもが不就学に陥る場合があることにも留意しなければならない。

　加えて、在留資格の問題などにより無国籍状態にある子どもについては特別な配慮が必要になる。2012（平成24）年7月9日から、外国人住民の在留管理や市町村への登録制度が変更になった*9。旧制度では、日本に90日以上在留する外国人は住民登録に代わる外国人登録をすることができ、外国人登録をすると「外国人登録証明書」が発行された。この外国人登録証明書は外国人の身分証明書として使用されていたことから、在留資格のない外国人や非正規滞在の外国人も、就学のために外国人登録をする場合が多かった。しかしながら、新制度の対象者*10が「適法な在留資格を持ち、許可された在留期間が3カ月を超える外国人のみ」と限定されたことから、一切の身分証明を失った外国人も少なくない。そのため、「身分証明書（在留カードまたは特別永住者証明書）を所有していない外国人は学校に通うことができない」と思っている保護者が多い。たとえば、可児市の就学手続きにおいても、提出書類に「在留カードのコピー」が含まれていることから、保護者や学校関係者に誤解を招いている。

　文部科学省は新制度施行に伴い、「外国人の子どもの就学機会の確保に当たっての留意点について」*11のなかで、就学手続時の居住地等の確認方法を次のように明文化している。

＊8
たとえば、外国人が多く暮らす地域の一つである愛知県西尾市が、2013（平成25）年2月に発行した『外国人のための生活ガイドブック』（ポルトガル語、英語、中国語、インドネシア語、ベトナム語と日本語の6言語で発行）では、「外国人の子どもたちは学校に行く義務はありませんが、希望すれば住んでいる地区内の学校に入れます」と説明されている。

＊9
第2章p.19参照。

＊10
「在留カード」または「特別永住者証明書」が交付される。

＊11
平成24年7月5日付け24文科初第388号文部科学省初等中等教育局長通知

> **3．就学手続時の居住地等確認方法**
> 　就学手続時の居住地等の確認については、（中略）仮に、在留カード等の提示がない場合であっても、一定の信頼が得られると判断できる書類により、居住地等の確認を行うなど、柔軟な対応を行うこと。

　つまり、「一定の信頼が得られると判断できる書類」を準備することで、

外国人の子どもは、日本の学校に入学できるのである。2012（平成24）年の新制度施行以前から外国人登録証明書以外で就学に必要な事項の確認書類を定める自治体もある*12。こうした自治体が定める「一定の信頼が得られると判断できる書類」を参考にしながら、すべての子どもが安心して入学式を迎えることができるようにサポートをしていく必要がある。

*12
たとえば、愛知県名古屋市教育委員会では、外国人登録証明書以外でも就学に必要な事項が確認されれば就学許可を行うよう事務の取扱いを定めている（平成14年2月26日付け14教学事務第28号教育委員会教育長通知）。

（2）外国人児童に対するプレクラスとプレスクールの実践

事例12　新1年生の外国人児童が不登校になった事例

> 　プレクラスを設置する自治体の公立小学校に、日本の就学前施設に通った経験のないブラジル出身のD児が入学することになった。プレクラスとは、初めて日本の公立小学校へ入学する児童や日本語に自信のない児童を対象に、集中的に初期の日本語指導や生活指導を行う教室のことである。プレクラスは、外国人児童が多く在籍する自治体が設置している場合が多く、児童が学校生活に円滑に適応できることや学校側の初期指導にかかわる負担が軽減することなどの理由で高く評価されている。
> 　このようななかで、日本語指導を行う専任の教員や指導員が配置されていない小学校にD児は入学することになった。D児は全く日本語がわからないため、入学式後は在籍学級ではなく、市内巡回バスで20分ほどかかるプレクラスに通うことになったのである。D児は欠席することもなく、毎日楽しくプレクラスに約1か月間通った。こうした状況からプレクラスの学びの修了が決定し、D児の在籍学級での新しい生活が始まった。しかし、2日目からD児は在籍学級に通わなくなり、ついには不登校児になってしまったのである。

　プレクラスの設置は、2000（平成12）年初めからブラジル人児童生徒が多く暮らす自治体において徐々に始まった。当時、日本語指導は小学校教育課程に位置づけられていなかったため、指導時間の確保が大きな課題であった。そのため、日本語習熟度が異なる児童の実態に即した指導体制として、プレクラスの実践が開始されたのである。プレクラスの実践の充実に伴い、プレクラスが設置される地域において、日本語指導が必要な新1年生児にかかわる実践のあり方についての議論が始まった。なぜならば、日本語指導が必要な新1年生児のなかには、日本の就学前施設に通った経験のない児童の姿が目立つようになったからである。その結果、各地でプレスクールの実践が始まった。プレスクールとは、公立小学校入学直前の日本語が理解できない子

どもが、入学した公立小学校で戸惑うことなく、学校生活に早期に適応できることをめざし、簡単な日本語や学校の習慣などを学ぶ教室のことである。

　文部科学省が実施した「日本語指導が必要な児童生徒の受入れ状況等に関する調査（平成24年度）」で、日本語指導が必要な外国人児童生徒数が全国第1位の愛知県では、事例12のD児のような日本の就学前施設に通った経験のない児童に対する、学習指導にかかわる前段階の指導のあり方が大きな課題であった。そのため、2006（平成18）年度から、チャイムを聞いて着席することや鉛筆をもつことなどの指導を中心としたプレスクールのモデル事業を開始した。その結果、プレスクールを修了した子どもについては、日本語指導が必要な新1年生児であっても在籍学級で学習できる力を習得できることが明らかになった。その他、子どもの学習理解度や家庭状況などを把握できることが入学後の指導体制づくりに大きく役立つこと、母国とは異なる学校制度や学校生活上の習慣の違いを保護者が理解する機会がもてることなど、数々の利点も明らかになった。そして、愛知県ではこの事業の成果を活かし、2009（平成19）年度には「プレスクール実施マニュアル」をつくり、現在はプレスクールの普及を積極的に行っている[13]。

　この「プレスクール実施マニュアル」を活用した実践は、全国各地で始まりつつある。たとえば、三重県松阪市教育委員会では、2010（平成22）年度からプレスクール「ふたば教室」を開始した[14]。この教室は開始以降、毎年1月から3月の間で計11回、教育委員会が運営している。開催設定日を土曜日にしたことで、保護者と子どもが一緒に参加できる場づくりに成功し、参加者は年々増大している。この「ふたば教室」の最終日に、「教室に子どもが通ってよかったこと」について保護者に質問したところ、「子どもが日本語の読み書きができるようになったこと。友だちもできるようになり、学校へ行くのに安心できる」（ブラジル保護者）といった子どもの学習の変化だけでなく、「日本の小学校の授業の仕方やどのような態度で授業に臨むのかといったことを（保護者が）知った」（フィリピン人保護者）など、保護者の学びや発見にかかわる意見も目立った。一方で、この「ふたば教室」を修了した子どもが通う小学校の先生に、1年後の児童の様子を質問したところ、「ふたば教室の参加の有無によって、入学後の児童の学習姿勢が全く違います」「ふたば教室に参加した保護者とは『顔の見える関係』なので、入学後も保護者の学校行事の参加率がとてもよいです。保護者が学校をとても信頼しています」など、プレスクールを効果的にとらえる声が多かった。また、主催する教育委員会の担当者からも、「入学予定の子どもの成育環境や教育歴（学習歴）がわかることは、入学後の指導体制の検討に大きく役立っ

[13] プレスクール実施マニュアル作成にあたり設置されたプレスクール実施マニュアル検討委員の一人として筆者が参画した。これらの内容については、2009（平成21）年10月に愛知県地域振興部国際課多文化共生推進室が発行した「プレスクール実施マニュアル」を参照されたい（http://www.pref.aichi.jp/0000028953.html）（2014年3月1日閲覧）。

[14] 松阪市教育委員会のプレスクール「ふたば教室」の開設および運営にあたり、助言者として筆者が参画した。これらの内容については、2012（平成24）年3月に松阪市教育委員会が発行した『就学前支援教室ふたば教室カリキュラム全11回』を参照されたい。なお、参加した保護者へのアンケート調査は2013（平成25）年3月23日、ふたば教室を修了した児童が通う小学校の先生と教育委員会担当者へのインタビュー調査は、2012（平成24）年11月26日に行った。

ています。また、保護者が学校で必要な学習用具や小さな困りごとを気軽に私たち（プレスクール担当者）に質問できることが、保護者の安心と理解につながっているようです」と、プレスクールと入学後の学校生活とのつながりに関係する意見が目立った。上記の回答から、プレスクールが子どもの学習のみならず、保護者の不安を取り除いて安心して相談できる場としても機能し、その後の保護者と学校とのよい関係づくりに貢献していることがわかった。

　プレスクールに通う子どもにとって日本の小学校は初めての学校であるが、保護者にとっても初めての学校である場合が多いため、不安を抱える保護者も多い。多言語に翻訳されたお知らせの文章だけでは、出身国による「学校文化」の違いにより、外国人の保護者が理解できないことも多いことに留意する必要がある。そして、外国につながる子どもが安心して入学式を迎えることができるための保護者のサポート方法を考えることも大切である。

●学びの確認

- 日本における外国籍の子どもと日本国籍の子どもの就学扱いの相違点を整理し、外国籍の子どもが安心して入学式を迎えるために留意すべきことをまとめてみよう。また、あなたが暮らす地域の、外国籍の子どもに対する就学案内や就学手続きについて調べてみよう。

●発展的な学びへ

- あなたが暮らす地域において、最も多く暮らす外国籍者の国の教育制度を調べてみましょう。特に、学年暦、進級制度、学校生活の決まりについて、日本の小学校との共通点と相違点を整理してみよう。

第5節　授業・学力に関する事例：小学校

●学びのねらい

> 第5節では、特に学校教育現場で重要な役割を果たす「言葉」に焦点を当て、外国につながる子どもの学校生活をみていく。事例を通して、教室にいる言語背景の異なる子どもたちの多様性、彼らがどのような困難を抱えているのかを学び、教員として彼らを支えるために何ができるのかを考えてほしい。

（1）多言語・多文化化する教室

　文部科学省の「日本語指導が必要な児童生徒の受入れ状況等に関する調査（平成24年度）」によると、日本国内の公立学校では2万7,013人の「日本語指導が必要な児童生徒」と、6,171人の「日本国籍を持つ日本語指導が必要な児童生徒」が学んでいる。そのうち小学生は、「日本語指導が必要な児童生徒」が1万7,154人、「日本国籍を持つ日本語指導が必要な児童生徒」が4,609人である。また、「平成24年度学校基本調査」によると、公立小学校に在籍する外国籍の児童は4万318人いる。現代の日本の教育現場には、こうした「日本以外の言語や文化にも触れて育ってきた子ども」[15]が多く在籍している。

　彼らが日本の学校で学ぶときに壁となり得るのが、日本語力、家庭と学校文化の違い、そして「異なる言語文化背景をもつ子ども」の教育に関する情報不足である。小学校の学習指導要領では第1章第4の2（8）で「海外から帰国した児童などについては、学校生活への適応を図るとともに、外国における生活経験を生かすなどの適切な指導を行うこと」とされており、学習指導要領解説には「海外から帰国した児童や外国人の児童の中には、日本語の能力が不十分であったり、我が国とは異なる学習経験を積んでいる場合がある」「言葉の問題とともに生活習慣の違いなどによる不適応の問題が生じる場合もある」といった児童の様子が記述されている。こうした内容もふまえて、事例から教員としての役割について学んでほしい。

---

*15　「外国籍」と「日本語指導が必要」は一致しない点に留意が必要である。「外国籍」は日本国籍をもたないことを意味するが、外国籍でも日本語に問題のない子どもも多い。一方、文部科学省の調査で「日本語指導が必要」とは「日常会話が十分にできない」「学年相当の学習言語が不足し、学習活動参加に支障が生じている」児童を指す。ただし、ある児童がこれに該当するかどうかの基準は示されておらず、判断は学校に委ねられている。

（2）第二言語での学習を支える

事例13　「日本語学習中」の子どもたち①

> 　A児（フィリピン生まれ）は来日して半年になる。あまり口数の多い子どもではないが、最近はクラスの友だちと一緒に行動する場面がよく見られるようになった。担任にも休みの日の出来事などを話してくれるようになってきた。また、友だちが「Aちゃん、○○なんだって」と教えてくれることも多い。担任はA児が学校に慣れ、友だちと日本語でやり取りをするようになったことをとてもうれしく思っている。日本語指導の先生[*16]も「本当によく頑張っている。順調に日本語を覚えている」と手放しの褒めようだ。しかし、周囲の大人たちの反応をよそに、A児は最近元気がない。話を聞いてみると「日本の算数、難しい」と言う。母国では常に成績優秀だったA児は、得意な算数の授業についていけないことに大きなショックを受けていたのだ。担任はどうやってA児を支えていったらよいか、思案中である。

　子どもは言語の習得が早いと言われる。子どものなかにはシャワーのように浴びた日本語をそのまま丸呑みするように覚え、どんどん使って日常会話をマスターしていくケースもある。しかしそれは「日常会話力」の伸びである。

　第二言語[*17]での日常会話が流暢であることと、その言語で学習ができるかどうかはイコールではない。この問題は、「生活言語能力・学習言語能力」という言葉で語られることが多い。このような言語能力の側面についてはカミンズ（Cummins, J.）のBasic Interpersonal Communicative Skills（BICS）とCognitive Academic Language Proficiency（CALP）という捉え方がよく知られている[*18]。BICS（生活言語能力）は、対面での日常的なコミュニケーションに必要な言語力をいい、その言語に十分に触れられる環境にあるとき、1〜2年で同年齢の母語話者と同等の力を獲得するとされる。一方のCALP（学習言語能力）は認知的な活動を含む場面での言語力で、先と同じ条件下でも5〜7年かかると言われる[*19]。日常会話ができるようになっても学習に参加できる第二言語の力は身についていない時期があること、すなわち、学習場面ではかなり長期的に支援が必要となることを、教員は知っておく必要がある。

　第二言語で学習する子どもたちは、少なからず、認知力や学力の問題では

[*16] 学校現場で日本語指導に当たる人々には、学校教員、教育委員会等が派遣する日本語指導員、ボランティアなどがある。しかし、日本語指導が必要な児童が在籍する学校のすべてにこうした指導者（日本語指導担当の先生）がいるわけではない。

[*17] 母語ではないが、社会生活を営むために必要な2番目の言語を「第二言語」と呼ぶ。

[*18] 「学習言語」にかかわる他の理論は、バトラー後藤裕子（2011）の第2章に詳しい。

[*19] カミンズはその後BICSとCALPの概念が二項対立的で誤解を生みやすいとして、「場面依存度」「認知的必要性」の2つの軸からなる4象限モデルを提唱している。さらに1990年代になると、言語能力をBICSに相当する「会話の流暢度（Conversational Fluency）」、CALPにあたる「教科学習言語能力（Academic Language Proficiency）」、ルール化ができて個別に測定可能な言語技能である「弁別的言語能力（Discrete Language Skills）」に分けて捉えている。

なく、使用される言語に由来する学習参加上の困難を経験する。このとき、児童の多くが「自分はダメだ」「できない」といった無力感をもつ。特に母国の学校で成績が優秀だった子どもは、「友だちに教える立場」から「教わる立場」になることで傷つくことも多い。これがA児のケースである。教員が第二言語で学習することの困難さ、特にBICSとCALPの獲得に必要な時間の差を十分に理解せず、「日本語で表現できること」だけで児童をみると、彼らの力を過小評価してしまう危険性がある。事例では周囲の大人がA児の本来の力に気づいているので、「わからないのは日本語であって、算数ではないこと」「先生（たち）はA児が力のある児童であると理解していること」を伝え、A児の学習意欲・自尊感情を高めるようにしたい。

事例14 「日本語学習中」の子どもたち②

> ２か月前に来日したＢ児（タイ生まれ）は、まだ日常会話もままならない。しかし、Ｂ児は限られた日本語を駆使して授業に積極的に参加している。「風の力を利用して遠くまで走る車をつくろう」という理科の授業で、ある日本人児童が「風を受けやすくするために帆を大きくしたほうがよい」と主張した。担任がつくったイラスト入りのワークシートを指さしながら「絶対、こっち（小さい帆）じゃなくてこっち（大きい帆）」という友だちに、Ｂ児は「ないよ（「違うよ」）」と反論した。実際につくって走らせてみると、Ｂ児の予想通りうまくいかない。Ｂ児はその車を手にとって「車、小さい。重いでしょ、これ（大きい帆）、重いよ」とその理由を説明した。班の仲間はそれに納得し、Ｂ児は満足そうな笑顔を見せた。そして、Ｂ児を中心にした「遠くまで走る車」づくりが始まった。

　教員には、授業中外国につながる子どもが参加しやすい環境を整えることが求められる。Ｂ児のケースでは、教員が用意した「イラスト」、実際に車をつくって動かすという活動がＢ児の日本語の不十分さを補う役割を果たしている。このように、日本語の負荷を軽減する工夫をすることで児童の学習参加を支援することができ、学習参加によって学習言語の獲得につなげることができる[20]。子どもが学習言語能力を身につけるまでの間、その子の日本語力で学習に参加するための仕掛けをつくり、日本語力だけでなく教科の学習を積み上げていくことが必要なのである。

[20] 文部科学省が開発した「JSLカリキュラム」では、授業参加を促す日本語支援として「理解支援」「表現支援」「記憶支援」「情意支援」「自律支援」をあげている。小学校のJSLカリキュラムについては「小学校編」を、上記の５つの支援の具体例については「中学校編」を参照してほしい。

また、この時期、周囲の子どもたちとの関係づくりも重要である。外国につながる子どもをクラスや学校全体で温かく迎えること、外国につながる子どもと積極的にかかわっていこうとする態度を育てることも教員の大切な役割である*21。異なる文化背景をもつクラスメイトとの生活は、日本人児童に日本の「当たり前」は決して世界中で「当たり前」ではないことを伝えてくれるだろう。

多くの子どもたちは自分たちと違う行動を取る者に対し、「おかしい」「間違っている」という反応を示す。一方で、外国につながる子どもにとっては今まで「普通」であった行動が突然否定的に受け取られ混乱することになる。異なる文化に触れた子どもたちの戸惑いをどのように多文化社会に生きるための学びに結びつけていくか、教員の力量が問われる。同時に、外国につながる子どもをクラスに受け入れることは、日本人児童にとっても大きな学びの機会となることを覚えておきたい。

*21
外国人児童の受入れについては文部科学省の「外国人児童生徒受入れの手引き」に詳しい。

（2）日本語の力と母語の力

事例15　日常会話ができる子ども

> C児（中国生まれ）は小学3年生のときに来日した。日本語が話せない児童を初めて受けもつ担任は、C児が毎日楽しく学校に来られるようにしようと考えた。そのため、「Cくんはまだ日本語がわからないから」という理由でクラスのルールに例外をつくり、C児が課題を提出しなくても、掃除をさぼっても大目に見てきた。
>
> 小学6年生になった現在、C児の日本語の会話は流暢で発音に母語の影響はない。しかし、出来事を詳しく説明したり自分の考えを伝えたりするのは苦手である。また、自分の意見は主張できるが、相手の意見を聞いてもその意図をうまくつかむことができない。たとえば、班で行う理科の実験の際には、友だちと同じように取り組んでいるが、「実験のまとめ」「わかったこと」の欄に何を書いてよいのかわからず、一人だけいつも白紙になってしまう。クラスメイトはそんなC児について、「授業中はおしゃべりをしているのに、都合が悪くなると『日本語わかんない』っていうんだよ」と不満顔だ。
>
> 日本語ができなかったころは「友だちがよく話しかけてくれたし、一緒にサッカーやドッヂボールをして、とても楽しかった」とC児は言う。しかし、「最近は？」と聞くと言葉を濁す。休み時間の様子を見ていると、周りの友だちは昨日見たテレビ番組のおもしろかった場面、ドラマの今後の展開…といった話をしているが、C児が会話に加わることはなかった。

ある日、担任が中国から来ている留学生を連れてきた。Ｃ児の学習の遅れやこのところ孤立しがちな姿を心配してのことであった。しかし、Ｃ児は「中国語、もう忘れちゃった」と言い、留学生とも「日本語で話した」そうで、Ｃ児の思いを母語で語らせようとした担任の計画は成功しなかった。Ｃ児によれば、普段母語を使うのは母親との会話だけで、それもだんだん少なくなり、夏休みに祖母が来日したときに話が通じないことに気づいたのだという。祖母と話せないのは残念と言いながらも、「もう、日本語でOKだから」とＣ児は少し誇らしげに語った。

　佐藤郡衛は外国人児童にとっての日本語を「コミュニケーションとしての手段だけでなく、抽象的・論理的思考を支えるもの、自己表現の手段となるもの、さらに日本語を介して友だちや教員との関係性をつくり、自分の内的な世界を作り上げていくもの」[7]としている。Ｃ児の日本語は日常会話に問題はなくても、佐藤が指摘する機能を果たすところまで至っていないため、学習面でもクラスの人間関係でも困難に直面することになったと考えられる。教科学習だけでなく、友だちとの日常会話でも高学年になってついていけなくなった、という点に留意する必要がある。会話の内容や話題の展開の仕方は年齢とともに変わってくる。他の子どものような「見ていない人にもわかる的確な描写」「自分なりの感想」を表現できないＣ児との会話は、年齢が上がるにつれ「弟や妹と話しているみたいだ」とみられるようになり、クラスメイトの会話の輪から外れていったのである。

　一方でＣ児は、母語での会話も母親との日常会話に限られている。来日以来日本語環境に置かれ、自身も積極的に日本語で友人関係を構築しようとしていたＣ児は、日本語での日常会話力を獲得するにつれ母語での会話力を失っていった。

　カミンズは母語と第二言語の関係について、発音や語彙などの表層的な部分では違っていても考える力や学力といった深層部分は共通であり、一方の言語で得た力を他方の言語で活用することができると述べている[*22]。つまり、母語の力や母国の学校教育で培ってきた学力が日本語での学習言語の習得を支え得るということである。こうした基礎をもっている児童は、一時的には学年相当の学習が困難になってもいずれ追いつくが、母語での力が十分に伸びていない場合は長期的な教育的介入が必要となる。

　現在のＣ児は母語で考えたり、伝えたりする力の発達も、第二言語である日本語での力も小学校低〜中学年程度でとどまっていると考えられる。

*22
カミンズのバイリンガル教育理論については、カミンズ・中島（2011）の序章に端的にまとめられている。

事例14で述べたように、教員は授業中の日本語の負荷を軽減するなどして日本語を習得中の子どもも授業に参加できるよう工夫することができる。では、子どもの母語についてはどのように考えればよいだろうか。小学6年生で日本語環境にいるC児は、「母語を忘れるほど日本語に慣れた自分」を非常に肯定的にとらえている。しかし、自分が最も率直に感情を表現できる言葉（母語）を失うことは本人にとって大きな損失である。子どもたちは「母語」が社会（子どもの生活範囲）で「価値のないもの」と感じると使用を控える。子どもによくみられる「みんなと同じ」を志向する態度は、日本語・日本文化重視の傾向を生み、結果として自身の母文化や母語を話す保護者と距離を置こうとするという残念な状況も生じている。現実的には日本の学校教育の枠組みのなかで外国人児童それぞれの母語を育てることは困難である[23]。しかし教員が、母語を保持することの重要性を保護者に伝えること、また学校や学級という子どもを取り巻く社会のなかでその子の母語の価値を高めていくことはできる。家庭や地域における母語の保持を応援しつつ、日本語で行われる学校教育を通して、子どもの考える力とそれを表現する日本語力を育てていくことがこうした子どもたちを担当する教員には求められよう。

[23] 佐藤（2001）は、母語での指導をしている公立小中学校は全体の約15％であるとしている。一方、齋藤（2009）は、保護者や地域の支援団体などによる「母語教室」が少しずつ広がりを見せていることを報告している。

事例16　日本生まれの子ども

> D市教育委員会指導主事のE先生は、日本語支援員の派遣業務を担当している。D市ではまったく日本語ができない子どもの場合、週2回・1回2コマの派遣が一般的で、子どもが学校にうまく溶け込めるように、できる限り母語が話せる支援員を派遣している。支援員は初期日本語指導のほか、保護者と学校の橋渡しの役も担っている。
>
> しかし、E先生は最近これまでとは違うケースが増えたと感じている。1学期から在籍している小学校1年の児童に対して「2学期から支援員を」という要請が非常に多くなったのだ。ある担任の話を聞くと、次のような状況が明らかになった。
>
> F児は日本生まれで日本の保育園に通っており、就学時検診のときにも「日本語の支援が必要」とは誰も思わなかった。友だちと仲よく日本語で話していたし、授業中も積極的に参加していたため何の問題もないと思っていたのだが、成績をつけるために簡単なテストをしたところ、F児は全く答えることができなかったという。E先生に対し担任は「日本人と全く変わらない発音だし、よくしゃべるし、ご両親はベトナムの方ですが、やっぱり小さい子は言葉を覚えるのが早いのだなぁと思っていたのですが…」といい、「Fちゃんは外国籍なんですから、支援員を派遣してください」と訴えた。しかしE先生は、F児に母語支援員を派遣する効果について疑問を感じている。

近年、事例のように日本生まれの子どもや日本で就学前教育を受けて小学校に入学する外国につながる子どもが増えている。こうした子どもたちは日本語の会話に慣れており、一見何の問題もないようだが、教室での学習がフォーマルな日本語を要求するようになるにつれ、日本人児童との違いがみえてくることが多い。

　事例を見てみよう。低学年では教員の発話も会話口調が多く用いられ、さらに活動をベースにした学習が多いため、F児は学習に参加でき、理解できているように「見える」状態であった。しかし、「活動」抜きで問われる「テスト」には答えられず、教員が伝わったと考えていたものが実は理解されていないことに気づいた、というものである。事例15のC児には、来日時にもっている年齢相当の母語の力を効果的に使用するという選択肢があった（残念ながら活用されなかったが）。しかし、このケースでは学習で必要となる言葉の力を育む土台がつくられていない可能性が高い。日本生まれや幼少期に来日した子どもたちは、日本語母語話者を保護者とする子どもに比べ、就学までの間に文字を含めた「多様な日本語」に触れる機会が少ない。一方で日本社会のなかでは「多様な『母語』」にふれる機会も限られる。これが日本生まれであっても日本人児童とは異なる困難さを生んでいると考えられる。

　また、教員が1学期間課題に気づかなかったという点にも注目する必要がある。中国帰国者三世・四世の子どもたちの状況を追った高橋朋子は、こうした子どもたちを「見えない子ども」と呼び、彼らが「見えない」要因として、日常会話ができ、保育園生活経験をもつ子どもたちの「異質性」が強調されなかったこと、子どもたちが「わからない」という声を上げず、「自らの位置を向上させるための意欲をもたない」ことをあげている。子どもの日本語が片言であれば教員にも問題が「見える」ため支援すべき対象となるが、会話ができる子どもたちの困難は見過ごされやすい。教員が「子どもの言語背景」を把握し、それに起因する問題に的確に対応することが重要である[*24]。

　この事例でF児がテストに答えられなかった理由は、❶「テスト」の問われ方や答え方がわからなかった[*25]、❷これまで日本語で学んできた内容がわかっていなかった、の2つが考えられ、何らかの支援が必要である。しかし、今F児に必要なのは日本語の学習言語能力を伸ばすことであり、D市が実施している「母語での支援」が適切かどうかは検討する必要がある。近年は多くの地域で「日本語指導が必要な児童を支援するシステム」が存在する。地域の支援の概要や手続きの方法などの情報を集めておきたい。

[*24] 日本生まれの子どもたちを学校でどのように支えていくかについては、かながわ国際交流財団の『日本生まれの外国につながる子どもたち〜学校でどうサポートすればいいの？〜』に詳しい。

[*25] テストの問題を読み解き、期待される解答形式にのっとって答えるには経験が必要である。たとえば、「（　）があったら前後の整合性を考えてそこに適切な言葉を補う」という前提が理解できていないため「（　）を埋めなさい」という設問に答えられないケースもある。

（4）外国につながる子どもの支援体制

事例17　日本語学級の役割と連携

> 　日本語学級に通うG児（ブラジル生まれ）は、明るくおしゃべりでいつも日本語担当のH先生を笑わせる。日常会話はかなり上手になっており、日本語学級でも国語や社会の内容を取り入れた指導をしている。そこでH先生は、そろそろ在籍学級での指導を中心にしたほうがよいのではないかと考え、担任に「日本語学級に来る時間を減らしましょう」と声をかけたところ、担任は驚いた様子で即座に「まだまだ無理です」という。H先生がG児に在籍学級での様子を聞いてみると「教室では発言しない」という。これにはH先生が驚いてしまった。どうやらG児は授業中どころか休み時間もおしゃべりをしないらしい。「答えはわかるけど、手は挙げない」「クラスに仲のよい子はいない」という。日本語学級ではこんなに明るいGくんなのに…と思ったH先生は、日本語学級で調べ学習をして発表するという活動を組み、発表時には担任の先生に見に来てもらった。自信をもって発表する笑顔のG児を見た担任は、「できなかったらかわいそうだと思って、今まで発言させなかったが、Gくんがあんなに日本語を話せるなんて知りませんでした」と感想を述べた。

　日本語指導が必要な子どもが多く在籍する学校には、日本語指導を担当する教員が配置されている[26]。また、事例16のD市のように教育委員会等が日本語指導者[27]や通訳を学校に派遣するところもある。授業時間内に別教室で行う指導を「取り出し指導」「抽出指導」などと呼び、言語的な負荷が高いとされる国語や社会科の時間が取り出しに充てられる場合が多い。一方、日本語指導のための教室を設けて地域の日本語指導が必要な子どもを集め、指導する自治体もある[28]。日本語指導を行う教室の名称はさまざまであるが、ここでは「日本語学級」と呼ぶこととする[29]。

　日本語学級では日本語や教科の指導が行われるが、多くの場合、個別または少人数での指導である[30]。担当者は児童の実態に合わせて教材を工夫したり、使用する日本語を調整したりして指導にあたっている。こうした個に応じた指導が日本語学級のよさである。この事例のように日本語学級ではリラックスして学習できるが、在籍教室では常に緊張している子どもも多くみられる。編入したばかりの子どもにとって、日本語学級は日本語を教えても

[26] 教員加配措置の条件は自治体等により異なる。

[27] 指導者の採用要件はさまざまだが、教員免許状は必須ではない場合が多い。また、その仕事も「適応指導」「日本語指導」「学習支援」など多様である。D市のように子どもの母語を使った支援を行うケースでは、日本語を母語としない指導者も多く活躍している。

[28] 地域に日本語指導教室を設置し、そこで指導をする方法をセンター校方式という。子どもたちは学区の学校に在籍しながら、センター校の日本語学級に通い指導を受ける。

[29] 文部科学省は2014（平成26）年度から一定の条件下で、こうした取り出しの日本語指導を正規の教育課程に位置づける方針を打ち出している。現在は担当者に一任される傾向が強い日本語指導だが、これが実施されれば学校として、校長の責任の下に教育課程を編成し、日本語指導に取り組むこととなる。

[30] 日本語学級担当者の役割については、前掲「外国人児童生徒受入れの手引き」第3章に詳しい。

らえる場というだけでなく、同じ立場の友だちが集まる場であり、ストレスの多い日本語での生活のなか、心の休まる場となっている。

　一方で、授業時間内に行われる取り出し指導の様子を学級担任が直接見ることは難しい。そのため、担任と日本語学級担当者との間で児童の評価が大きく異なるケースも出てくる。また、外国につながる子どもと日本語学級担当者の距離の近さを見た担任が、外国につながる子どもにかかわる指導を担当者任せにしてしまうケースもある。しかし、「子どもの姿」を把握するには、その子どもにかかわる大人が連携し、多角的に状況を検討することが不可欠である。子どもに関する情報を交換する場を設け、定期的に話し合う必要があろう。この事例では、G児が在籍学級でも自分のよさを発揮できるようにするために、H先生と担任がそれぞれどのように支援すればよいかを話し合うことが重要である。たとえばH先生は、調べ学習や発表という授業中に行われる学習方法を日本語学級で体験させている。日本語を母語としない子どもにとって班活動やクラスの友だちの前での発表は難しい。また出身国の授業スタイルによっては、こうした「調べ学習」などの経験がない児童もいる。しかし、日本人児童がすでに「調べ学習」を経験している高学年では、調べ学習の方法から改めて指導されることはない。学級の授業では「知っていることを前提とした展開」となるが、外国につながる子どもには「知らない可能性があることを前提とした指導」が求められる。

　また、外国につながる子どもの指導体験が少ない場合、G児の担任や事例15のC児の編入直後の担任のように「子どものために良かれ」と思って取った行動が結果的に子どもの学びの機会を奪ってしまうということも起こり得る[31]。担任と日本語学級担当者が情報や知識を共有し、連携して指導にあたる体制をつくることが望まれる。

（5）明日につながる指導

　第5節では、言語背景の異なる子どもたちの授業・学力に関して、「言葉」に焦点を当てて学んできた。子どもたちは日々成長していく。我々教育に携わるものは、発達の途上にある子どもたちの学びが、空間や言語間の移動によって分断されることのないように努力しなければならない。教員の役割は今日本に暮らす外国につながる子どもが、将来、世界中のどこにいても「社会を支える自立した構成員」になれるよう育てていくことであると考える。そのためには、表面に現れる日本語会話力やテストの点数だけでなく、個々の子どもたちのもてる力を見取り、これまでの彼らの生活、学習、経験を日

---

*31 ニューカマーの児童を担当する学級担任のさまざまな葛藤やそれに対する方略については金井（2012）に詳しい。

本での学びにつなげ、さらに彼らの明日につながる指導をすることが期待されているのである。

● 学びの確認

・「日常会話はできるが、学習には参加できない」というのはどのようなことだろうか。日本語以外で学習した経験をもつ友人、留学生に体験を聞いてみましょう。そのうえで、第二言語で学習しなければならない小学生が直面する課題と、教員の役割についてクラスで話し合ってみましょう。

● 発展的な学びへ

・あなたの出身地域に日本語が全くわからない子どもが転居してきたら、行政や学校はどのようにその子を受け入れるだろうか。学校への編入手続きはどのように行われるか、編入先の教員は「言語文化の異なる児童」を指導するにあたりどのような情報にアクセスできるか、日本語指導を誰が行うかなどを具体的に調べてみましょう。

第6節　保護者への支援の事例：小学校

● 学びのねらい

　外国人の保護者は、「日本の学校」の理解が難しいこと、保護者同士のつながりが少ないこと、日本語がわからないために子どもの学習理解度を把握できないことなどから、不安を感じていることが多い。本節では、具体的な事例と実際の外国人の保護者の声から、外国人の保護者への支援方法を考えていく。

（1）外国人の保護者の悩み

事例18　日本語がわからない保護者と日本語がわかる子ども

　ペルー生まれのＡ児は小学３年生のときに両親と一緒に来日し、その後すぐに公立小学校へ通い始めた。来日当初は日本語が全くわからず学校生活で

困ることが多かったが、6年生になった今は、母語のスペイン語より日本語の方が自分の気持ちを表現できるまでに上達した。そのため、保護者向けの各種お知らせや担任の先生からの連絡は、日本語がわからない保護者にＡ児が通訳して説明していた。そして、日本での生活が長くなることで、次第に親子間での会話が少なくなっていった。特に必要最低限しか話さなくなったＡ児の姿に、保護者はとても心を痛めていた。
　ある日母親は、ペルー人コミュニティの情報で、地域に母語で教育相談ができるNPOがあることを知り、すぐにそこに電話で相談した。相談内容は、Ａ児の日常生活の様子や日本語の上達度がわからないこと、日本での永住を考えているがどんな進路があるのかわからないこと、息子の友だちやその保護者と会話ができないことなど、多岐にわたる内容であった。その後、NPOの相談員はＡ児の自宅を訪問し、Ａ児とも日本語で面談した。
　初めてスペイン語で悩みを相談できた保護者は、後日NPOの相談員からＡ児も悩みがあることを知らされた。日本語がわかるようになったＡ児は学校の連絡を保護者に通訳していたが、その過程でＡ児はとても苦しんでいたのである。Ａ児が抱えていた悩みとは、日本語でもスペイン語でも理解できない難しい言葉があったにもかかわらず誰にも聞くことができなかったこと、「こんな言葉もわからないのか」と自分の親を尊敬できなくなってしまったときがあったこと、両親が懸命に働くなかで、教材費など金銭にかかわることを言い出せなかったことであった。
　Ａ児の悩みを聞いたNPOの相談員は、すぐにＡ児の通う学校へ相談した。その結果、必要に応じてNPOから学校へ通訳者派遣を行うこととなった。当初はボランティアで対応していたが、翌年には学校で通訳者派遣費が予算化された。こうした取り組みによって、Ａ児親子の関係も徐々に回復していった。

事例19　仕事を休むことができない外国人の保護者

　ブラジル出身のＢ児は、11才のときに母親と来日した。来日後は、母親が登録する人材派遣会社の寮で母親との二人暮らしが始まった。そして、寮から徒歩5分くらいのところにあるＣ県Ｄ市内にある公立小学校の5年生に編入学した。
　多くの外国人児童が通うＤ市の学校では、保護者向けの各種お知らせは多言語に翻訳して配布されていた。Ｂ児の担任の先生も、ポルトガル語に翻訳

第3章　外国につながる子どもの保育・教育と保護者への支援

された「授業参観日のお知らせ」「保護者懇談会のお知らせ」を活用し、必要に応じてＢ児に渡した。その都度Ｂ児も必ず母親に渡していたものの、母親は一度も学校行事に参加できなかった。

　そうした状況が続いた1年後のある日、Ｂ児は担任の先生から「手紙をちゃんとお母さんに渡し、学校行事に参加してもらうように伝えなさい」と言われた。Ｂ児はそのことを母親に伝えると、母親は困惑してしまった。なぜならば、仕事を休めば給料が減らされるだけでなく、住んでいる寮からも追い出されてしまうことを、娘にも娘の担任にもどのようにして伝えてよいか、その方法がわからなかったからである。

　公立小・中学校に通う外国につながる子どもの保護者は、日本で子育てをするなか、教育や学校のことでどんな悩みや不安を抱えているのだろうか。ここでは、岐阜県可児市に暮らす外国人の保護者を対象に行った調査[32]から考えてみよう。

　可児市の日本の学校に通う外国人児童[33]のすべての保護者に、「教育や学校のことで困ったことや悩んだことがありますか」と質問した結果、2003（平成15）年9月では64.8％（81人）、2004（平成16）年9月では65.5％（93人）が、「困ったことや悩んだことがある」と答えた。それらの声から保護者が抱える悩みを以下の5点にまとめることができる。

　1点目は、「日本にいるので日本の学校に当然入れようと思い迷わず入れましたが、いつか帰国することや子どもの将来を考えると外国人学校に入れたほうがよかったのでは、と思ってしまいます」（11才・女児の保護者）、「日本の幼稚園に行っていなかったので、日本の学校に慣れるかどうか心配でした」（7才・男児の保護者）とした、学校選択にかかわる内容である。保護者の雇用や就労状況が安定していないことで将来設計ができないため、学校選択について悩む保護者の声が多かった。

　2点目は、「ずっと日本の学校に通っているのに成績がよくない。それは子どもが（日本語を）理解していない表れなのかもしれない」（12才・男児の保護者）、「（私たち自身が）日本語がわからないので、子どもの日本語の理解度が把握できないこと。どのくらい勉強ができているのか、心配になることがあります」（10歳・女児の保護者）、「学校の勉強や宿題をみてあげら

[32] 本調査は、就学（日本の学校の小学1年〜中学3年）年齢期に相当し、可児市に外国人登録をするすべての子どもを対象に行政・民間団体・研究者が協働・協力し、外国人の就学実態把握に取り組んだ調査である。2003（平成15）年4月〜2005（平成17）年3月までの間、筆者と調査員がすべての対象者の家庭を訪問し、調査票を用いて直接面接で実態を把握した。詳しい調査方法については、小島（2010）を参考にされたい。なお、本稿では、本調査の対象者のうち日本の学校に通う子どもに限定し、分析を行った。

[33] 2003（平成15）年9月調査では対象者318人のうち125人（39.3％）が、2004（平成16）年9月調査では対象者370人のうち142人（38.4％）が、日本の学校に通っていた。

れないこと。特に漢字などがわからないため、算数さえも教えてあげられない」（9才・男児の保護者）、「子どもの勉強をみてあげられないのが寂しいです。子どもの方が漢字を知っているし、日本語もわかるため」（10才・男児の保護者）、「休みがもらえないから『授業参観に来てほしい』と子どもに言われても行けない。私（父親）は毎日夜勤で朝7時半に帰宅し、休みがほとんどなく、子どもと会う時間がない。たまに平日に私が休みのときは子どもを休ませてしまっている」（9才・男児の保護者）とした、子どもの学習に参加できないことや子どもと過ごす時間を確保できないことの寂しさや不安といった内容である。

　3点目は、「給食。どうして牛乳とご飯を一緒に食べるのだろう、組み合わせが悪いと思う」（8才・男児の保護者）、「雨でも雪でも歩いて登校すること」（6才・男児の保護者）、「学校からの手紙がたくさんあること。寒いにもかかわらず、半袖で学校に行かせなければならないこと」（7才・男児の保護者）、「言葉の壁と文化の違いから理解できないことが多くある。近所との付き合いや友だちがいないこと」（7才・男児の保護者）とした、文化や言語の違いからの日本の学校に対する保護者の疑問である。

　4点目は、「これからの高校進学などが心配です。ずっと日本で生活していくつもりですが、日本で生活できるかどうか心配です」（9才・女児の保護者）、「高校に進学させたいと思っているが、進学についてどうしたらよいか悩んでいる。どのような将来の方向性があるのか、また制度的なこともよくわからないので」（14才・男児の保護者）とした、進学にかかわる内容である。

　5点目は、母語や本名使用のことである。「一番心配なのは、母語がわからなくなること。ブラジル人の子どもたちのなかには母語を話すことができなくなっている子もいる」（12才・女児の保護者）、「家庭でいくらポルトガル語で話しかけても日本語で返事をする。ポルトガル語を勉強させてもやりたがらない。日本語の方が楽なようで日本語ばかりで話すこと」（6歳・男児の保護者）、「修学旅行のとき『自分は外国人なんだ』と思ったようだった。5年生のときの引越しを機に、本名を名乗ることにさせた。子どもはスポーツをやっているため、堂々としてほしいと願いを込めて本名にさせたかった」（12才・男児の保護者）など、子どものアイデンティティ形成に大きくかかわることである。

　以上から、日本の生活において外国人の保護者たちは、言葉や文化の違いのみならず、日本人とは異なる就労環境とも連動した不安を抱えながらも、子どもの教育に強い関心や希望をもって子育てをしていることがわかる。し

かしながら、外国人の保護者にとって平日の学校行事の参加が難しいために、「学校行事の不参加」が、「外国人の保護者の教育への関心度が低い」と誤解されることもしばしばあるという。

（2）外国人の保護者への支援

　保護者が抱えるこうした不安や悩みの解決策は、教員が保護者と積極的なコミュニケーションを取ることである。特に、多言語に翻訳されたお知らせの文章だけでは、出身国による「学校文化」の違いにより、外国人の保護者は理解できないことも多い。したがって、保護者との顔の見える関係づくりが不可欠である。

　そのために、❶保護者の使用言語と日本語力、❷日本の学校での就学歴の有無、❸当該児童が一緒に暮らす家族構成、❹保護者への連絡方法（緊急時の連絡先、連絡しやすい時間や方法等）、❺子どもの教育に関する保護者の希望、などを把握するとよい。これらを把握する方法として、通訳を介した電話や書面のやり取りではなく、把握する意義を伝えながら直接面談による聞き取りをすることが有効である。日本語がわからない保護者に対しては、通訳者と家庭訪問をすることもよいだろう。また、❸と❹については、日本語がわかる身内や親しい知人も確認するとよい。ただし、事例18から明らかである通り、身内や親しい友人とは、成人年齢以上の人であることが必須条件である。

　本章第4節では「プレスクール」の効果として、保護者の不安を取り除いて安心して相談できる場が、その後の保護者と学校とのよい関係づくりにつながっていることを学んだが、外国人の保護者が気軽に相談できる関係づくりが事前の問題対処に大きく役立つことも多い。そのため、外国人の保護者に対しては積極的にかかわっていくとよいだろう。外国人の保護者が参加しやすい時間帯や曜日に設定した外国人の保護者会の開催も効果的である。そのような場のなかで、中学校や高校にかかわる進学情報、進学に伴う金銭情報を早い段階から積極的に伝えることも心がける必要がある。

　加えて、子どものアイデンティティ形成に大きくかかわる母語や本名使用も留意すべきことである。事例18でもみたように、必ずしも「母語」を子どもが十分に理解できているとは限らない。日本生まれで日本育ちの外国につながる子どもが増加するなか、日本語で生活する時間が多く、「母語」を喪失する子どもも少なくない。そのため、外国人の保護者への連絡を安易に子どもに依頼することは避けるべきである。一方で、日常会話（生活言語）がで

きるようになると、日本人の子どもと同じように問題なく生活ができると考えられる場合が多いが、教科学習に必要な能力（学習言語）の習得には５～７年かかるといわれている。学習言語の習得に向けた長期的な日本語学習の必要性についても、保護者に説明することが重要である。

　その他、日本人と外国人の国際結婚カップルの子どもの場合、親の再婚により母国からの呼寄せで来日した子どもも多い。その際、「保護者の一方が日本人」という理由から保護者の支援が日本人保護者と同様に扱われるが、呼寄せ家族についてはそうした対応が適切でない場合があることにも注意する必要がある。また、両親のいずれも異なる国籍の外国人の国際結婚カップルも増加しているため、家庭内の言語も多言語化した家族がいることを知っておくべきである。

●学びの確認

・母語（保護者にとっての第一言語）とは何か、母語の重要性について整理してみましょう。

●発展的な学びへ

・あなたが暮らす地域において、外国人児童の教育にかかわる行政や民間団体（NPO、ボランティア団体など）の事業や実践の有無、多言語で外国人児童にかかわる教育相談ができる機関や支援団体の有無について調べてみましょう。また、外国人児童が多く暮らす自治体では、多言語に翻訳した保護者向け各種お知らせをインターネット上で公開している。どんな言語やどんな内容が公開されているか調べてみましょう。

第３章　外国につながる子どもの保育・教育と保護者への支援

COLUMN

編入直後の子どもたちの不安と戸惑い

　外国から編入生が来ることがわかると、担任とクラスの子どもたちはどうやって「外国からのお友だち」を歓迎しようかと知恵を絞る。その結果、子どもたちはその子の席を取り囲んで、明るく、にこやかに話しかける。しかし、日本語を知らない子どもにとっては、呪文を大音量で聞かされているようなものである。「自分のことを笑っているのではないか」と不安になる子どももいる。一方的に好意を押しつけることなく「仲よくなりたい」というメッセージを伝え、子ども同士の関係を築けるような方法を考えたいものだ。

　筆者が見た実践のなかからこうした取り組みを紹介する。ここに取り上げるのは、外国につながる子どもを初めて担当した教員のアイディアである。彼らは一様に編入した子どもの心に寄り添い、彼らの置かれた状況を想像したときに「このアイディアがひらめいたんです」と語っていた。

①**日本人児童が編入生の母語で自己紹介する。**
　一般には編入生が自己紹介をするが、慣れない日本語を初めて会う友だちの前で使うのは大きなプレッシャーである。日本人児童が片言ながら編入児童の母語で自己紹介をすることで、歓迎の気持ちを伝えるとともに日本人児童にも「外国語を使う大変さ」を感じさせたかったとのことである。

②**教室の壁に日本語と編入生の母語で「褒め言葉（すごい、がんばったね、上手だね、など）」「ありがとう」「がんばって」などを貼っておく。**
　挨拶や数字の読み方などが掲示されている教室は多いが、この教員は「せっかくなら、それを使って子どもたちの心の交流ができるような言葉を選びたい」と考えた。初めは掲示を指さして使っていたが、すぐに言葉そのものを覚え、お互いに使えるようになったという。

③**編入生が母語で書いた作文をクラスメイトの日本語作文と並べて掲示する。**
　子どもたちは大人以上に「日本語ができない＝勉強ができない＝自分より下」と思いがちである。この教員は母語で書かれた作文に日本人児童の優秀な作文と同じ大きな花丸をつけ、クラスに掲示した。これにより編入児童に対する子どもたちの見方が「日本語はできない」に変わっていった。そして今では「日本語も○○語もできる」になっているという。

【第3章引用・参考文献】

第1節

【参考文献】
- コリン・ベーカー著、岡秀夫訳編『バイリンガル教育と第二言語習得』大修館書店　1996年
- 佐藤千瀬「『外国人』の生成と位置付けのプロセス―A幼稚園での参与観察を事例として―」『異文化間教育』第21号　異文化間教育学会　2005年
- 佐藤千瀬「国際児に対する保育者の捉えと日本人園児の実態のずれ―A幼稚園の3歳児クラスの集団形成過程を通して―」『学校教育学研究論集』第10号　東京学芸大学大学院連合学校教育学研究科　2004年
- 佐藤千瀬「幼児の前偏見の生成と低減の可能性」『多文化社会の偏見・差別―形成のメカニズムと低減のための教育―』明石書店　2012年
- 中島和子『バイリンガル教育の方法―12歳までに親と教師ができること― 増補改訂版』アルク　2001年

第2節

【引用文献】
1）厚生労働省編「保育所保育指針解説書」フレーベル館　2009年　p.172
2）前掲書　pp.172-173
3）社会福祉法人日本保育協会「保育の国際化に関する調査研究報告書―平成20年度―」社会福祉法人日本保育協会　2009年　p.33
4）上田玲子編「新版子どもの食生活―栄養・食育・保育―」ななみ書房　2011年　p.103
5）斉藤こずゑ「発達を見る目をいかに見、いかに語るか」『発達』第64巻16号　ミネルヴァ書房　1995年　pp.7-12

【参考文献】
- 厚生労働省「保育所保育指針」2008年
- 山岡テイ『多文化子育て―海外の園生活・幼児教育と日本の現状―』学習研究社　2007年
- 社会福祉法人日本保育協会「保育の国際化に関する調査研究報告書―平成20年度―」社会福祉法人日本保育協会　2009年

第3節

【参考文献】
- 厚生労働省『保育所保育指針解説書』ひかりのくに　2008年
- 高橋貴志編『現代保育者入門―保育者をめざす人たちへ―』大学図書出版　2013年
- 塩谷香監『保護者の心をぐっとつかむイラスト＆美文字かき方Book』日本幼年教育研究会　2014年
- 文部科学省初等中等教育局国際教育課『外国人児童生徒受入れの手引き』　2011年

第4節

【引用文献】
6）鈴木勲編『逐条学校教育法』学陽書房　2012年　p.120

第 3 章　外国につながる子どもの保育・教育と保護者への支援

【協力】
可児市教育委員会学校教育課

第 5 節

【引用文献】
7）齋藤ひろみ・佐藤郡衛編『文化間移動をする子どもたちの学び―教育コミュニティの創造に向けて―』ひつじ書房　2009年　p.13

【参考文献】
・岡本夏木『ことばと発達』岩波新書　1985年
・金井香里『ニューカマーの子どものいる教室―教師の認知と思考―』勁草書房　2012年
・かながわ国際交流財団『日本生まれの外国につながる子どもたち―どうやってサポートすればいいの？―』2011年
・コリン・ベーカー著、岡秀夫訳編『バイリンガル教育と第二言語習得』大修館書店　1996年
・齋藤ひろみ・佐藤郡衛編『文化間移動をする子どもたちの学び―教育コミュニティの創造に向けて―』ひつじ書房　2009年
・齋藤ひろみ編著『外国人児童生徒のための支援ガイドブック―子どもたちのライフコースによりそって―』凡人社　2011年
・佐藤郡衛『国際理解教育―多文化共生社会の学校づくり―』明石書店　2001年
・ジム・カミンズ、中島和子訳『言語マイノリティを支える教育』慶應義塾大学出版会　2011年
・高橋朋子「中国帰国者三世四世の学校的困難」『COSMOPOLIS』No.5　上智大学　2011年
・中島和子「ダブルリミテッド・一時的セミリンガル現象を考える」『母語・継承語・バイリンガル（MHB）研究』Vol.3　母語・継承語・バイリンガル（MHB）研究会　2007年
・中島和子編著『マルチリンガル教育への招待―言語資源としての外国人・日本人年少者―』ひつじ書房　2010年
・バトラー後藤裕子『学習言語とは何か―教科学習に必要な言語能力―』三省堂2011年
・文部科学省「外国人児童生徒受入れの手引き」
・文部科学省「学校教育におけるJSLカリキュラム中学校編」
・文部科学省「学校教育におけるJSLカリキュラムの開発について」（最終報告）小学校編

第 6 節

【参考文献】
・小島祥美「外国人の子どもの就学状況に関する研究」『社会と調査』第4号　有斐閣　2010年　pp.34-41

第4章 多文化保育・教育における保育者・教師の専門性と役割

第1節　多文化保育・教育のめざすもの

（1）一人一人その子らしくいられる教室を

　第3章までの学びやさまざまな実践事例をふまえて、多文化保育・教育における保育者・教師の役割や専門性について整理するのがこの章の目的である。実践において、保育者・教師が大切にしなければならないことはなんだろう。何を知っていれば外国につながる子どもを担当する教室の保育者・教師としてやっていけるのだろう。これまでの事例を読んで、あなたの「外国につながる子ども」に対する印象や考え方は何か変化しただろうか。

　多文化保育・教育がめざすのは特別なことではない。すべての子どもがその子らしくいられる場所であるような園・学校をつくり、すべての子どもが気持ちよく学ぶことができ、学ぶことに喜びを感じられる場所をもつことである。アメリカの著名な教育者ヴィヴィアン・ペイリー（Paley, V.）が「初めは小さいことから（Starting Small）」というビデオのなかで、「…公平で誰もが認められる世界、その理想を私たちのこの小さな教室のなかでさえ実現できないとしたら、他にどこでできるでしょうか」と呼びかけている。この当たり前のはずの「誰もが一員として認められる教室づくり」は、できないでは済まされない目標であると同時に、子どもにかかわる大人たちの「決意」が必要な目標でもある。

　子どもたちは毎日変化する。昨日うまくいった方法が、今日うまくいくとは限らない。保育者や教師は、今目の前にいる子どもに応じて日々対応を調整している。しかし、目の前の子どもが保育者・教師と異なる文化背景をもつとき、子どものことを理解し信頼関係を築くという基本的なことが、うまくいかない可能性が高くなる。

　子どもたちは、他者の気持ちや考え、幸せについて思いやる力をもってい

る。思いやりや共感する心を育むことができれば、そこから生まれる行動によって、時にはぶつかり合いながらも人と人はかかわり合い、お互いを理解していくことができる。しかし、ともすれば一見和やかに見える部屋のなかででも、子どもが一人ぽっちだと感じたり、恐怖を感じたりしているかもしれない。そのとき保育者・教師がその子どもに気づき、クラスの子どもたちと問題を共有し発達に応じた考える機会を用意していかなければならない。

（2）文化差が子ども理解に及ぼす影響

①個人を取り巻く文化の影響

　多文化保育・教育を行う園や学校では、保育者・教師がどのように多様性を見つめているかが重要になる。なぜなら、身近な大人の言葉・行動・振る舞いが、さまざまなメッセージを子どもに送っていることになるからである。

　人は生まれたときから周囲の人・環境との相互作用のなかで育ち、その影響を受けながら自己を形作っていく。図4－1はそのイメージを大づかみに示したものである。どこで生まれるかは偶然の出来事であり、国・社会という大きな単位の文化だけではなく、地域や学校、家族等の小さな単位の文化の影響を受けながら育っていく。こうした周囲の影響を受けながら、時間をかけて私たちの心のなかにさまざまな信念・規範等の自分の考えが形作られる。そうしてできた見方は世の中を見るサングラスのようなものだと言える。

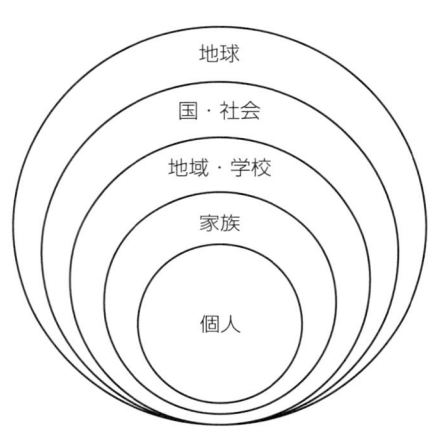

図4－1　個人を取り巻く文化の多層性

　図4－2の右側の円が自分、左側をあなたが理解しようとしている人物としよう。相手は言語や動作・振る舞い方など、意図をもってあなたに何かを伝えようとしている。その表現はその人の文化や価値観をもとに表現されており、それをあなたが受け取るにあたって、自分自身の文化的な仮定や価値観に基づいて意味づけをする。あなたが相手の話を聞きながら発している無意識の反応や相槌などを受け取る相手は、相手の文化を通してその意味を理解する。こうした文化的影響から私たちは逃れることはできない。したがって、自分のつけている"サングラス"を自覚し、その特徴を知る努力が必要である。すなわち、自分が今まで家族や友人、学校、メディアの影響を受け

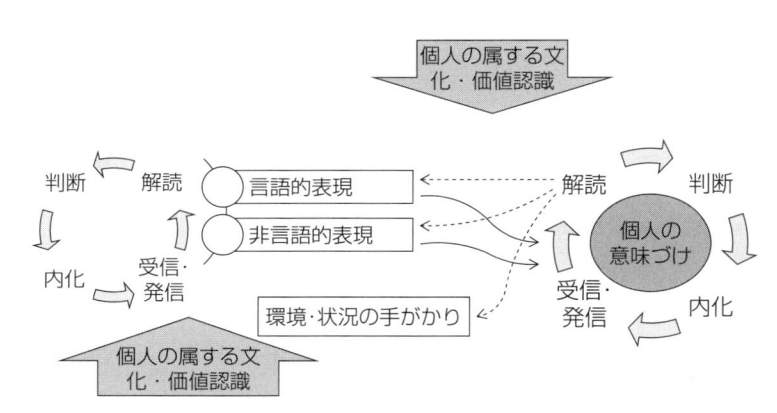

図4−2　相互理解における文化の影響

ながら身につけてきた価値観や信念、子どもたちに向ける自分のまなざしについて省察を深める必要がある。同時に、さまざまな文化や多言語発達、歴史的背景について学び、その学びで得られた知識をどのように日々の保育・教育に活用していくかを知ることで、自信をもって多様性に応答的な保育・教育に取り組むことができる。

②人的環境としての保育者・教師

　どんなに小さい子どもでも、図4−1のように生まれたときから何らかの社会のあり方を吸収し、家庭の価値観をもって園や学校にやってくる。したがって、園や学校で話されている言葉や言い回し、特定のグループへの子どもたちの態度のなかに偏見や誤解の芽があるかもしれない。それらの芽に「気がつかない」「そのままにする」「何もしない」のも、保育者・教師の選択であるが、たとえ無意識の選択でも、その何もしない選択は子どもたちに肯定のメッセージを送ったことになる。かといって、私たちは常に正しい選択肢を示せばよいというわけではない。子どもたちがどうしたらよいかを考え、話し合い、選ぶ力をつけていけるような働きかけ、カリキュラムづくりを考えていきたいものである。また、子どもたちは教室の環境から多くを吸収する。普段使うもの、見るもの、読むものを、保育者・教師は批判的な視点でチェックする必要がある。

　今現在身近に外国につながる子どもがいない園や学校でも、将来子どもたちが多様な人々と共に生活することができるよう、保育者や教師が配慮しなければならないことがある。多文化保育・教育はどの地域にある園・学校でも必要なことであり、どの保育者・教師も多様性に対する感受性を育て、多文化保育・教育に対する意識を高めていく必要がある。子どもたちの学びは、意図的に設定された場だけで起きるわけではない。人的環境としての大人の

価値観はその行動や言葉に反映され、子どもに伝わっていくのである。

第2節　多様性に応じた保育・教育に必要な知識

（1）違いを見る立場と見ない立場

　松尾知明は、「見る・見ないのポリティックス」として、私たちの多くが当たり前としている「日本人性」のなかにある違いに対する心的態度を論じている。

　"違いを見ない"人は、違いを個人の問題としてとらえている。外国につながる子どもであっても特別なことはなく、日本の子どもたちと同じように接するのがよいと考えたり、みんな同じでみんなよい、みんな同じ人間だから同じようにかかわることの何がいけないのかと考える人もいるだろう。だが、違いを認識しないということは、その子どもや家族の文化を無視することにつながる。違いを見過ごすことにより、個々の子どもへ日本化と適応への努力を押しつけていることになる。さらに、"違いを見ない"立場では、個々の子どもや家族の状況、希望を考えずに、とにかく日本になじむようにするのが支援であると考える。その過程で、もしかしたらその子どもが本来もっている力や母文化を消し去ってしまうかもしれない。

　これに対して"違いを見る"人は、文化を本質的なものとして考える。そのため、対象となる子どもがどの文化に属するかによって支援やかかわり方を決める傾向があったり、対象をステレオタイプ[*1]的にとらえ、同じ文化のなかでの多様性に目が向かないこともある。また、母文化の継承を大切にするあまり、個人にとって母文化の意味が異なることに気がつかないこともある。たとえば、保護者が生まれ育った国が中国であっても、その子どもが日本で長く生活している場合は、家庭やコミュニティを通して経験された中国が母文化としての中国であり、それは日本人が中国に行って得てくる文化的イメージとは異なるものである。

　私たちの見方が、この見る・見ないの軸の間のどこかにあると仮定してみよう。あなたの考え方はどちらにより近いだろうか。相手によって変わるだろうか。メディアでの取り上げられ方はどちらに近いだろうか。常に考え、見直していきたいものである。

*1　ステレオタイプ
類型的なとらえ方。一面的で型にはまったイメージをもつこと。

（2）文化の流動性や歴史的背景を理解する

　一人一人の子どもを理解しようとするとき、「〇〇人の子ども」という形容詞が付いた途端に、私たちの心はある一定の前提をもってその子どもを見ようとする。しかし、同じ家族の親子の間でも、文化的アイデンティティは同じにはならない。たとえば、一世の保護者に比べると、その子どもにとってのルーツとなる文化の意味が異なるのは自然なことである。

　私は、アメリカ中西部にある日系の幼稚園で5年弱の間保育者をしていたことがあるが、子どもたちは同じコミュニティの大人たちがもつ日本人性とは別の感覚で日本文化をとらえていた。そこにいる子どもたちにとっての日本とは、何年かに一度遊びに行く遠いところであったり、日本のテレビ番組を通して見る世界であり、親にとっての日本とも違う。日系園や土曜日補習校以外の公の場で日本語を聞くことはなく、日本語とは個人的に使う特異な言葉である。日本語で話すときは、普段の英語の世界と違う立ち居振る舞いを求められ、それが自由と感じる子どももいれば束縛と感じる子どももいる。国際結婚家族や二世、三世の子どもにとっての日本は一層疎遠な感じがする。保護者や親せき以外では、ゲームや漫画、キャラクター商品、アメリカのニュースやテレビドラマ等に出てくる日系人から得るイメージが日本である。

　さらに、大人たちの間でも礼儀や慣習として日本で行っていることが、アメリカでの生活のなかで変化し、行われなくなっているものがある。逆に日本では使わなくなった古い言い回しや言葉がアメリカで生き残っていたりすることもある。アメリカ社会のなかにある日本文化と、本国での日本文化は完全に同じではない。

　さらには、家族ごとに特有な家族史も母文化と主流文化のとらえ方に影響を与える。どのような経緯でアメリカにやってきたかによってもとらえ方が異なり、自分が望んで来た人と来なければならなかったと感じている人では、英語・アメリカ文化の受け入れ方が異なっていた。

　同様に日本にいる外国にルーツがある人たちも、初めに来た世代が強制労働や政争・戦争によりやむを得ず母国を離れた人の場合と、目的をもって移動してきた歴史をもつ民族の人たちとでは、主流文化である日本文化の取り込み方に違いがあるのは当然である。また、同じ国から来た人でもどの地方にどのように住んでいた人なのか、また何歳で日本にやってきたのかによって、母国とされる国の文化のとらえ方は異なるのである。文化は、こうした個々人がもつ文化も含めて、流動的で変化し続けるものとしてとらえる必要があると言える。

（3）社会のなかにある差別を再生産する構造を理解する

　社会の矛盾も教室に影響を与える。成功するためには努力が必要で努力を惜しまなかった者が学校でそれなりの成績を修め、認められ、社会的に成功していくという考え方をメリトクラシーと呼ぶ。現代社会ではメリトクラシー的な考え方が強いので、外国につながる子どもを特別に扱うのはおかしいと考える人もいるかもしれない。しかし、アメリカの教育学者ラドソン・ビリングス（Ladson-Billings）は、「異なる文化的背景をもっている場合には、スタートラインから不利な状況に置かれている教育的負債を抱えた状態で人生をスタートしている」と唱えている。

　たとえば、保護者に日本の学校についての知識がない場合、一般的な日本人ならば当たり前に知っている学校の風習がわからない。それでは、誰かに聞けばよいと考えるところであるが、異文化性をもつ保護者は担任とのかかわり方がわからず、子育てについて抱えている課題を相談できないのが一般的である。他の保護者とのつながりがもちにくく、保護者同士の情報交換ができないことも不利に働く。また、母語で話をすることに迷いがある保護者とその子どもとの会話が少なくなり、子どもの言語発達そのものが遅れ気味になる事例が少なくない。このように、外国につながる保護者とその子どもは乳幼児期から不利な状況に置かれやすい。

　学齢期に入っても、たとえば、家庭での会話のなかで日本のニュースや社会・歴史的な事実について話し合う機会が少ないため、授業内容の理解に影響する。また、保護者が日本語を苦手としている場合、きょうだいが日本語で話しているとき、間違った言葉遣いをしていても訂正できない状況になることもあるだろう。また、保護者に残業や夜間勤務が多く、子どもが一人で食事をすることが多い家庭の状況では、会話自体が少なくなり、言語発達に影響が出る。さらに、高校までが義務教育の国から来た保護者は、高校受験の準備の仕方を知らないため、日常の学習に対する姿勢が一般的な家庭と異なるなど、個人的な努力では解決できない状況のなかに置かれがちである。

　これは、もちろん外国につながる子どもに限ったことではない。現在わが国では格差社会の問題が叫ばれているが、経済的なリスクを背負って育つ子どもたちについても、一般に当たり前とされる経験ができないことがあり、同じようにそれぞれのニーズに合わせた配慮が必要になってくる。このような社会の矛盾は、常に教室のなかに入り込む。保育者や教師が社会構造的に不利な立場にある子どもたちへの配慮を意識していかなければ、その子どもたちが抱える教育的負債をさらに増やすことになる。

（4）乳幼児期の発達と違いの認識について学ぶ

①違いに対する感受性

　乳幼児期からの発達をきちんと理解しておくことで、見えてくるものがある。子どもたちは1歳前後になると、自分が生きる世界を理解していく過程で「違い」に気がつき、周囲にあるものを分類し意味づけを始めている。他方で、信頼する大人の感情表現を頼りに安全性を判断し、次の行動を変える（社会的参照）。

　違いに気がつくことや、それについて質問すること自体は健全な認知発達である。しかし、分類されたグループに意味づけをするときに、違いを理由にした偏見が生まれることがある。そのため、保育者・教師が特定の子どもに何らかの思い込みをもってかかわっていると、それを見る他の子どももその子どもを同じように思い込みをもってとらえ、避けたり多くを期待しないでかかわったりするようになる。

　したがって、子どもが小さい時期から多様性に配慮し、保育者・教師は間違った認識（誤概念）へ働きかける必要がある。年中・年長児になると、その年齢なりに考え、話し合う力が芽生えてくる。誤概念や子どもたちの間に起きた問題をそのままにしないで、発達に応じて考え、話し合い、子どもたちがお互いのよさを認め合う関係を育む機会をつくっていくことが大切である。

　そのためには、まず保育者・教師が子どもを一人の人間として尊重しなければならない。子どもは大人になるために今を生きているわけではない。子ども時代のその時に必要なことをしっかり経験することができるよう、保育者・教師には、必要な働きかけを後回しにしない取り組みが求められる。

②言葉の発達

　保育者・教師は、一般的な幼児期から児童期初期の言葉の発達はもちろん、言葉を豊かにする環境づくりについてよく理解しておくことが必要である。すなわち実際の他者とのかかわりと言語的経験が結びついていること、認知的発達と言語発達が結びついていることをよく理解しておくべきである。比較心理学等の研究から、文化の違いが親子のかかわりの違いとして出現することがわかっており、そのかかわりの違いが子どもの行動パターンや発達のあり方に影響するという。こうした研究の存在を知り、活用していくのも保育者・教師に求められる専門性である。

③多言語環境における言語発達

　2つ以上の言語環境で育つ子どもの場合、表出言語の発達がやや遅くなる

のが一般的である。また、母語（家庭で使用されている言語）が豊かな子どもほど他の言語の吸収が早い。言葉は人とかかわるための道具であるだけではなく、思考ツールでもある。したがって、第二言語（日本語）の発達にこだわるあまり、言葉全体の発達を遅らせるようなことがあってはならない。

一方、母語を完全に習得する前の幼児期に第二言語を習得し始めるケースでは、成人向けの日本語教育を出発点とした方法ではうまくいかないことも多い。日頃の保育・授業のなかで、わかりやすい形で日本語を経験し、母語やこれまでの経験を手掛かりに意味を類推していけるように工夫したい。その方法は、万能なものがあるわけではなく、その時の状況や子どもに応じて保育者・教師が考えていく必要がある。

言語は感情とも結びついている。たとえば、私がアメリカでかかわった日系の姉妹の場合、アメリカの園に4才から通園した姉は2年ほどで日常会話ができるようになったが、妹は3才から毎日第二言語の環境にいても、2年間ほとんど言語習得が進まない状況であった。先生や友だちを「英語の先生」「英語の友だち」と呼び、名前を覚えようともしない時期が続いたが、3年目にようやく先生との関係ができ、会話もできるようになっていった。言葉の吸収が早いと言われている乳幼児でも、その言葉を話している人たちと"かかわりたい"と思えなければ、その言語の習得が進まないことがあることも知っておきたい。

保育者・教師がお互いの違いを受け入れる園文化・学校文化をつくり出していく力が重要となるため、日頃からさまざまな文化や習慣についての知識をもつようにし、自分と異なる人について知ったり、かかわったりする機会を探していきたい。

第3節　保育者・教師の専門性としての省察力と多様性への応答的対応

（1）最初の一歩―自分の「違い」に対する態度を研究する―

上記のようなさまざまな知識は、私たちがよりよい保育者・教師になることを助けてくれる。同時に知識だけではなく多様な背景をもつ子どもたちを理解する力を伸ばすには、自分の「視点」を意識することが大切であることを私たちに突きつける。チェン（Chen, D.W.）らは、幼児期から児童期前期の子どもたちとかかわる大人のためのチェック項目を提案している。その最

表4-1 自分研究のためのチェックリスト（一部）

自己認識力を高める質問	まだ（自分の許容範囲ではない。生徒の年齢と合わない）	時々（初歩的な意識はある）	普通（まだ意識して努力する必要がある）	常に（楽にできるようになった）	次の段階に行ける：私の次の課題は…
自分の文化性と歴史を意識していますか					
自分の文化背景と自分のあり方に納得がいきますか					
自分のもっている偏見を意識していますか					
多様性や例外性を長所と考え、全ての子どもが成功することができると信じていますか					

出典：Cehn, D. W., Nimmo, J., & Fraser, H. (2009). *Becoming a culturally responsive early childhood educator: A tool to support reflection by teachers embarking on the anti-bias journey*. Multicultural perspectives, 11(2), pp.101-106を筆者が翻訳し作成

　初の一部が表4-1である。回答しにくいものがあっても構わないので自分がどこに当てはまるかを考えてみよう。また、なぜそのように思うのかを、当てはまる枠のなかにメモしておくとよいだろう。

　彼らの自分研究リストは、物理的環境・学びの環境・家族や地域との関係についての項目へと続く。自分が用意している教室の環境や、本の題材、人形その他の遊具などが主流文化のものだけになっていないかを省察し、教室と家庭につながりがあるかどうか考えるべきだと示唆している。

　また、文化背景による差別的な感情をもたないとしても、「みんなに同じように」接するという信念は、多様な教室に対しては有効に働かないことがある。「同じ」接し方・教え方でも子どもの文化背景や状況に合わない接し方だとすれば、その子どもの学びの機会は限られ、結果的に同じような教育機会を得ていないことになる。「同じ」やり方にとらわれ過ぎず、新たな可能性に心を開いていくことも保育者・教師に求められる専門性ではないだろうか。

（2）将来を見通しながら今できることを考える

　外国につながる子どもへの保育・教育のゴールは、日本語で教室に参加できることではない。他の子どもたちと同じように、幸せな子ども時代を過ごし、幼児期から児童期前期に育んでおくべき自己肯定感、未知のものに挑戦する心、他者との信頼関係に基づく多様な人間関係の経験など、多様な経験を通して知識を増やし、考える力をつけることである。

　日本語の力がまだついていない場合、その子どもの本来の力を読み取ることができなかったり、他の子どもと同じ方法では十分な学習経験が与えられなかったりする。そのため、今ここでの経験を豊かなものにする保育者・教師の創意工夫と基本的な技術が重要になる。

　教室で話されている言葉が限定的にしかわからない子どもがいる場合、❶原則として、文章の区切りがはっきりしたわかりやすい言葉を使い、視覚的な教材を多用する。❷生活の流れ（ルーティン）を大事にして、次の予測がつくようにし、安心感をもって生活できるようにする。❸言語だけに頼らず五感を通じて学ぶ実体験と絵本や教科書を結びつけるようにするなどの配慮が必要である。こうした配慮は、わかりやすく参加しやすい指導につながり、結果的に多くの子どもたちにとって過ごしやすく学びやすい環境になる。

　さらに、個々の子どもが実際に発言した言葉や聞いて理解できる内容を定期的に記録しておくとよいだろう。子どもたちは園・学校と家庭で異なる姿をみせることも少なくないため、保護者から家庭での日本語・母語力に関する情報を得る努力も不可欠である。

（3）地域社会について学び、地域社会とつながる

　園・学校にやってくる子どもたちの多様性に、いつも保育者・教師だけで対応しきれるものではない。まず保護者と共に考える姿勢が重要である。保護者は子どものことを心配し、園や学校での成功を応援したいと思っている。通訳などを手配し丁寧に準備された20以上の外国につながる子どもたちが通園するＡ市立保育園の保護者会の出席率は毎年100％だという。これは、外国につながる子どもがいない園でもなかなか達成できない数字である。このように、通訳などを活用し、保護者が参加しやすい環境づくりを工夫したい。

　また、地域にあるリソース（社会資源）とつながり、学外に目を向けることも重要である。たとえば、外国系スーパーにある掲示板は貴重な情報源となる。物理的な距離はやや遠くても、同じ国から来ている人たちは市町村域

を越えてつながっていることがある。また、支援者のコミュニティや情報もウェブ上に広がっている。保育者・教師は常に新しい情報を吸収し学ぶ姿勢を持ち続けることが大切である。

（4）違いが光る教室で質の高い保育・教育を

多様な背景をもつ子どもへの支援は、多様性に応答的な子どもの集団づくりが鍵となる。子どもたちは、お互いが受け入れられている・そこにいてよいと思える関係がある時、初めて互いの違いを安心して出すことができる。

保育者・教師は、子どもたちの誤概念に丁寧に向き合い、教室のなかに生まれる思い込みや排除の関係に敏感でいたい。幼児期から児童期前期だからこそ、将来にわたって多様な人々とかかわっていく基盤をつくることができる。子どもたちに伝えるべきことは伝えながら、子どもたちの考えや気持ちも拾い上げていく力量をつけていく努力が求められる。

第4節　保育者・教師の姿が子どもを育てる

本章では、外国につながる子どもたちのいる教室に必要な保育者・教師のさまざまな資質や知識・技術について論じてきた。最も重要なことは、保育者・教師が「普通」とは何かを常に問い続け、自分の日本人性と個人の視点の両方から生まれる「偏見」に向かい合う自己省察を続けなければならない点であろう。実際に日々子どもたちと接する立場になれば、どんなに経験を積んでいても対応に困る時も出てくる。そんな時には自分の判断をいったん止めて、子どもに寄り添い、目の前の子どもの理解に努めてみよう。わからない時に無理にわかろうとすると、つい自分の慣れ親しんだ考えを子どもに押し付けることになりやすい。相手を理解するために努力する保育者・教師の姿を子どもたちは見ている。そんな保育者・教師の後ろ姿や横顔を見ている子どもたちから、お互いの気持ちや考えを聞き合う関係が生まれてくる。そうした園・学校は、外国につながる子どもはもとより、すべての子どもたちにとって居心地のよい園・学校であり、質の高い学びが生まれてくる場所になるのではないだろうか。

●学びの確認

①日本人らしさとはどのようなものか、グループで話し合いまとめてみましょう。
②第2節にある「見る－見ないの軸」を使って、自分がどの位置にいると考えているかをグループで話し合ってみましょう。
③a）外国につながる子どもにとって、b）クラスの日本人の子どもたちにとって、c）日本語が母語ではない保護者にとって、d）その他の保護者にとって、保育者・教師がどのような役割をもつか、話し合い整理してみましょう。

●発展的な学びへ

①多様な子どもたちのいる教室はどうあるべきか考えながら、第3節で紹介したチェックシート（表4－1）をもとに、自分のためのチェックシートをつくってみましょう。設問（自己認識力を高める質問）に入れるべき項目を考えた後、グループをつくり、お互いのアイディアを共有しましょう。
②ペア（グループ等でも可）をつくり、次のような人になりきって、インタビューを受けるロールプレイをしてみましょう。また、ロールプレイを行った後に、感じたこと、気づいた点などをまとめてみましょう。a）外国から来日したばかりまたは来日2年目の3歳の子ども、b）外国から来日したばかりまたは来日2年目の5歳の子ども、c）外国から来日したばかりまたは来日2年目の8歳の子ども、d）外国から来たばかりの保護者、e）自分の子どもと同じクラスに日本語が話せない子どもがいる親、f）担任の先生、g）校長先生など。これ以外にも自由に設定し、違う立場から状況を考えてみましょう。
③あなたが住んでいる市町村や都道府県のホームページから、地域にある国際交流や多文化共生にかかわるページを探してみましょう。また、異文化にかかわることができるイベントやボランティア、勉強会等に参加してみましょう。

【参考文献】
・Ladson-Billings, G.（2006）. *From the achievement gap to the education debt:Understanding achievement in U.S. schools.* Educational Researcher,35（7）
・Teaching Tolerance（1997, 2008）. *Starting Small: Teaching tolerance in preschool and the early grades.* Sothern Poverty Law Center
・Vygotsky, L. S.（1986）. *Thoughts and language. Revised Edition.* The MIT Press.
・松尾知明「ニューカマーの子どもたちの今を考える―日本人性の視点から―」『異文化間教育』第37号　異文化間教育学会　2013年
・内田千春「異文化の間で幼児期を過ごす意味を考える―保育者の視点から―」日立家庭教育研究所紀要27　2005年
・内田千春「文化的マイノリティとして育つ―アメリカに住むある日系幼児とその母親の事例を通して―」名古屋女子大学紀要56（人文社会学編）　2010年

COLUMN

「話せない＝わからない」ではないのに…

　私は、アメリカで「外から来た者（outsider）」として長く生活をしていました。9年半のアメリカ生活の前半は、日系幼稚園で園長兼保育者として働いていました。その頃在園児のお母さんたちに子どもたちの現地校[*2]での様子や考えていることについてインタビューしたことがあります。印象に残っている話のなかに次のようなものがあります。

　私の勤めていた幼稚園に3歳から通っていたA児は、4歳になった夏休みに現地校のサマースクール[*3]に初めて参加しました。ある日、A児より2年早く現地校に通っているB児[*4]（5歳）の母親と一緒にお迎えに行ったA児の母親は、柵の外からA児の様子を見ていました。しばらくすると、帰りの時間が近づいたのか先生がみんなに集まるように呼びかけました。他の子どもたちは集まり始めていましたが、A児は指示がわからないのかいつまでもフラフラしていました。そんなA児に先生も気がついているようでしたが、先生は注意さえしませんでした。B児の母親は「英語が話せないから仕方がないよ」と声をかけましたが、A児の母親はなんだかモヤモヤした気分がとれなかったと言います。

　A児の母親は、「どうして英語を話せないとそれでよくなってしまうのか。悪いことは悪いことなのに。なんだか変な感じがして」と不安気でした。母親はその場ですぐに現地校の先生に相談するほど英語に自信がなく、その時期に同じ年頃の子どもが学ぶべきことを期待されなくてよいのか、英語が話せないことで幼く扱われて甘えが出るのではないかと、取り残されていくような不安を打ち明けてくれました。英語で語れない限り、私たちが日本語で議論していることさえも担任の先生たちにとっては存在しない心配のような気がして、私自身もつらい気持ちになったことを記憶しています。

　同じ子どもなのに、英語の環境になると"できない・わからない子"になってしまう。私は母語である日本語でA児の発達を支えながら、現地校の先生と時々連絡をとって母語環境での様子を伝えるように心掛けるようになりました。ただ、担任した子どもたちが通うすべての現地校と連携を取ることができなかったのが心残りとなっています。

[*2] 現地校
ここでは、海外赴任先で居住地域の子どもたちが通っている教育機関のことをいう。
この地域では当時、3〜4歳のプレスクールと5歳のキンダーガーテン（公立小学校に併設されている）は半日で終わるため、日系園と現地校の両方に通うこともできた。

[*3] サマースクール
アメリカで6月〜8月の長期休暇中に現地校で開かれる。託児を兼ねて民間が運営するものである。幼児〜小学校低学年では遊びやスポーツ、芸術活動を中心にした内容が多い。学齢期になると復習や補習、新学期の準備に向けた学習活動が中心の内容になる。

[*4] A児のように、最初は日系園だけで過ごす子どももいたが、通園距離や経済的負担から、日系幼稚園に通わず現地校だけを選ぶ家庭も少なくなかった。

第5章 行政の多文化共生への取り組み
―多文化保育・教育をふまえて―

　岩手県町村部では、行政でも正確にはその実態が認知、把握されないままに、過疎化、嫁不足に起因する国際結婚カップルとその子どもたちの増加が進んでいる。そこで、少子化社会の日本において、今後、ますます増え続け、地域の活性化につながることが推測される外国につながる子どもたちが、共に支え合いながらいきいきと働き、安心して暮らし、楽しく学んでいくことのできる希望あふれた社会を実現していくために、町全体で多文化共生の取り組みをしている岩手県一戸町の地域・行政の取り組みを先行事例として検証してみることにする。

第1節　一戸町の国際交流

（1）岩手県内の国際交流・協力団体

　岩手県においては、県人口がおよそ131万人（2011［平成23］年5月1日現在）である。そのうち、外国人登録者数[*1]は、5,267人であるが、今後は増加していくことが予想され、地域の活性化につながることが考えられる。

　2011（平成23）年現在、岩手県内には、26市町村において36の市町村国際交流協会が設立されているほか、県内各地に設立された146の国際交流・協力団体が公益財団法人岩手県国際交流協会の国際交流関係団体連絡会議に加入しており、国際理解や国際協力、教育文化、2か国間交流などさまざまな分野で幅広い活動が展開されている。また、岩手県では、外国人県民も日本人県民も共に支え合いながらいきいきと働き、安心して暮らし、楽しく学んでいくことのできる希望あふれた社会（いわて県民計画）を実現し、外国人県民にとっても暮らしやすい環境を整え、多文化共生の考え方について広く普及を図るために「岩手県多文化共生推進プラン」（対象期間平成22年度～平成26年度）を策定している。これは、「いわて県民計画」の主要な政策の一つである。

*1
第2章 p.19で学んだように、2012（平成24）年に新たな在留管理制度が導入され、日本に在留している外国人は「在留外国人」と呼ばれるようになったが、本章では2011（平成23）年までのデータを使用しているため、「外国人登録者」と表記している。

（2）一戸町の国際交流の発端

　岩手県一戸町は岩手県北部に位置しており、人口は1万4,300人（2011［平成23］年12月1日現在）で、その0.8％にあたる119名が外国人登録者である。一戸町では、農業分野、企業による研修生の受け入れ、中学生、高校生、大学生等の海外派遣、農業、商工業、福祉関係の海外視察研修のほか、一般町民も海外との交流が活発である。

　一戸町にある縫製関連企業が外国の研修生を受け入れたのは1995（平成7）年からである。当初は、中国人、日系ブラジル人を研修生として受け入れた。その後、310名（2009［平成21］年現在）以上のベトナム人研修生を受け入れている。当初、日本語教育は企業が行っていたが、各団体や個人独自の活動など、横の連携を深めていき、町全体で国際交流の機運を盛り上げようという声が上がり、1999（平成11）年、一戸町国際交流協会（以下「交流協会」）が設立した。交流協会が設立当時から特に力を入れて取り組んできたことの一つに、一戸町へ研修生として来町する外国人の人々に対する日本語の習得に留まらない生活習慣全般にわたる支援、研修生と地域住民との交流などがあるが、これは人と人を結ぶ本格的な交流であり、真の相互理解が図れている。特に日本語教育では、小・中・高校の退職教員が担っており、その成果は大きいものがある。ベトナム人研修生を受け入れている縫製関連企業においても、研修生の日本語教育を依頼している。

　交流協会では、日本語教育はもちろん、地域行事、旅行等を企画し、地域の人々と積極的に触れ合う機会を多くもち、その結果、結婚につながり、その子どもともども一戸町に住んでいるケースもある。

（3）ベトナム人研修生の一戸町での生活実態

　ここでは前述した岩手県一戸町の縫製企業で働き、地域在住の日本人男性と結婚、現在も同企業で働いているベトナム人研修生13名に、❶来日前の職業、❷家族構成、❸子どもの言語、❹夫の妻の母語の理解、❺夫のサポート、❻地域とのコミュニケーション、❼困っていることがあるか、❽困っている内容について質問紙調査（2011［平成23］年7月実施、11月回収）を行った結果などから、研修生の生活実態等をみていく。

①生活実態

　企業での受け入れ状況は、最初の1年間は研修生として縫製について学習する。2年目以降は実習生として実際に働く。経済的状況については、ベト

ナムからの航空券等の旅費は企業が負担している。1年目の研修生の場合は生活費として月額6万5,000円が支給される。寮費は無料であるが食事は各自で支払う。2年目以降の実習生になると基本給として10万9,400円＋残業代となるが、寮費3,000円、光熱費、食事代は各自の負担となる。

②主たる調査結果

　研修生の来日前の職業は、受け入れ条件が縫製経験者であることから、ほとんどが縫製関連の仕事をしていた。家族構成に関しては、夫の両親やきょうだいが同居している割合が90％近くであり、ほとんどが夫の家族との同居である。

　言葉に関しては、母親自身が日本語を書くことに大変苦労していること、また、子どもの国籍は夫の国籍である日本にすることから、生まれてきた子どもには日本語を使い、母方母語はほとんど使用していなかった。反面、自分が育った国の言葉である母語を子どもに教える機会を逸しており、その点は受け入れ地域としての課題である。夫の妻の母語の理解度は高くなく、妻が夫に歩み寄っている。これは、同居家族にも共通している点である。しかし、夫は妻が外国人であることから、言葉や生活面において困らないように配慮していることがわかった。

　地域との関係では、結婚前より、地域の縫製工場で研修生、実習生として勤務していた環境から、自ら積極的に質問する姿勢があり、日本語を話すことが早い。その点、近隣日本人との会話によるコミュニケーションにおいては困ることはない。また、同居家族がいること、夫の両親、きょうだいと一緒ということも地域コミュニケーションが良好な一面である。

　生活上、困っている点に関しては62.5％のベトナム人妻が「困っていることがある」と回答した。それは、子どもの教育についてである。自分自身、日本の教育を受けていないため、学習言語を理解できず不安を抱いている。子どもの宿題をみることができないなど、日本語教育、特に学習言語について理解したい意向が読み取れた。

第2節　　一戸町の多文化共生への取り組み

（1）一戸町の多文化共生への取り組み事業

　次の事業は、一戸町が多文化共生への取り組みの一環として行った事業である。

①平成24年度海外福祉施策研修事業

　一戸町では、町民一人一人が社会の変化に対応しながら、生きがいのある生活を営み、活力に満ちた地域社会を築いていくためには、生涯にわたって主体的に学習し、その成果が活かせるような生涯学習社会を築くことが重要であるとのことから、国際理解や国際交流を通じて異文化を理解し、全国あるいは世界にはばたく、チャレンジ精神旺盛で幅広い視野をもった人材の育成を図るとともに、生徒においては、卒業後も学び続ける意欲をもち、学びの成果を地域に還元し、福祉の分野で地域づくりに積極的に貢献する人材の育成を図ることを目的に海外福祉施策研究事業を行っている。

　参加者の選定基準は、介護・福祉系列の専門学校・短大・大学2年次生で福祉に対する関心が強く、学習意欲の高い者、将来一戸町で福祉関係の仕事に従事することを希望している者の条件を満たした2名である。派遣先・研修内容はNPOフォーラム・ジャパンが主催する「デンマーク高齢者ケア視察研修」である。事業の成果としては、派遣生徒が、実際に現地で研修を受けることで改めて日本の福祉に関する制度面、運用面等の違いについて具体的に学ぶことができたこと、言葉の通じない状況のなかでもコミュニケーションを取る意欲があればある程度は克服できるが、語学力（特に英語）を身につける重要性を実感できたことなどである。

②平成25年度軽米町・一戸町中高生海外派遣事業

　外国の文化、歴史、風土等に直接触れ、また、外国の青少年との交流やホームステイ等を通して相互理解を深めさせることにより、地域さらには日本の将来を担う人材育成と、地域の同年代との交流を図るため、軽米町・一戸町が合同で実施している、中学生および高校生の海外派遣事業である。

　実施主体は、軽米町中高生海外派遣事業協議会、一戸町中高生国際交流派遣協議会、軽米町教育委員会、一戸町教育委員会である。参加生徒は軽米町内中学校第2学年生徒5名、一戸町内中学校第2学年生徒6名、軽米高等学校第2学年生徒2名、一戸高等学校第1・2学年生徒（第2学年優先）である。派遣先は、アメリカ合衆国西海岸である。

③交流協会の事業

　諸外国との交流を進める団体への支援活動をはじめ、それぞれの団体の活動を理解し、相互の情報交換を図りながら、支援活動に資する研修を深め、町民への啓発活動と国際協力思想の高揚に努め、国際感覚あふれる町づくりに寄与することを目的に実施されている事業である。平成24年度の主な交流協会の事業は表5－1の通りである。

表5－1　平成24年度活動内容（国際交流関係）

期日	事業内容	参加人数	場所・備考
H24 4／22（日）	御所野縄文公園クリーンデー	27	御所野縄文公園、協会員 実習生（中国・ベトナム）
4／26（木）	ベトナム人研修生送別会	15	町民文化センター
4月〜3月 通年週1回	中国語学習会（35回・50時間実施）	延べ175	町民文化センター
6／10（日）	平成24年度総会・交流会	51	町民文化センター
7／27〜8／1	中国研修旅行	6	中国（北京→西安→上海）
9／3〜24	ベトナム人研修生日本語学習支援（実習生9名）	10	樋ノ口公民館 講師10名
9／16（日）	日本語現地研修下見	4	十和田湖、奥入瀬渓流他
9／27（木）	コマ（ベトナム人材派遣会社）歓迎懇親会	11	一戸駅前和食店
10／3（水）	ベトナム人実習生研修終了食事会	37	樋ノ口公民館 日本語講師、町民参加
10／14（日）	日本語現地研修日帰りバス旅行	35	ベトナム、中国人実習生、町民参加（十和田湖方面）
10／22〜23	ルー・ホンゴックさん（ベトナム人・一戸町医学生）歓迎懇親会		奥中山高原 町健康福祉課も参加
10／28〜3月（週1回）	日本語教室（ベトナム人研修生中心）19回・41時間実施	延べ76	町民文化センター
H25 1／27（日）	チャリティショー参加	23	ベトナム人研修生参加
2／3（日）	旧正月を祝う会（中国、ベトナム、インドネシア、アメリカ、バルバドス、フィリピン、カナダ、日本）	90	町民文化センター
3／3（日）	地域婦人団体主催演芸大会（ベトナム研修生、ベトナムコマ社長等）	22	町コミュニティセンター

（2）一戸町独自の医師養成対策

　岩手県では、岩手県内の県立病院や市町村立病院などの医師として業務に従事しようとする意思をもつ人を育成するため、「市町村医師養成修学生」「岩手医療局奨学生」「岩手県医師修学資金」等の奨学金制度が用意されているが、いずれについても希望者は定員を下回り、医師確保が難しい状況にある。

　一戸町は、2010（平成22）年6月、交流協会が中心となって続けてきたベトナムとの交流のなかで、「日本で医学を学びたい」というルー・ホンゴックさん（女性）に出会い、在籍校からの推薦状などを受けて、町の嘱託医として養成することを決めた。

2011（平成23）年10月、稲葉暉(あきら)町長自らがベトナムを訪問し（筆者も同行）、本人、家族などと面談して町との間で確認書を取り交したうえで、2013（平成25）年2月、一戸町独自の「一戸町医学生奨学金貸付」制度を創設した。一戸町医学生奨学金貸付制度とは、一戸町における医師の確保を図ることを目的として、将来、町内の医療機関で医師として業務に従事しようとする者に対し、正規の修学期間が終了するまでの間、その修学に必要な資金を貸し付けるものであり、ルー・ホンゴックさんは奨学金を受けることになった。その概要は次の通りである。

貸付内容は、入学金や授業料等の校納金は大学等が定める金額、通学費は居住地と大学等の往復に要する経費相当額、文具・教科書等の購入費は大学および大学院は月額2万円、専門学校は月額1万円、居住費・食費は月額12万円（下宿の場合は7万円）である。返済免除については、臨床研修または大学院課程を修了して5年以内に一戸町内の医療機関で医師として業務に従事した期間の月数が、奨学金の貸付けを受けていた期間に相当する月数に達したときと定めている。

第3節　今後の課題

本章では、行政の多文化共生の取り組みに関する先進的事例として、岩手県一戸町の取り組みを検証した。研修生は、日本のどんな企業で働くのか、どんな地域で生活するのか全く知らない状況で岩手に来るため、不安もいっぱいであろう。しかし、帰国研修生の経験はこれから来日する新しい研修生に伝えられ、不安が期待に代わっていることは想像できる。交流協会での日本語教室、日帰り旅行、旧正月を祝う会、一戸町のお祭りや、町民体育大会、町内会の総会、そしてお互いの国の料理講習会などのさまざまな活動はお互いのアイデンティティ伝承につながっている。また、町民だけではなく、ベトナムと一戸町との交流も盛んである。ベトナムの福祉施設訪問、ベトナムの福祉施設へ車いすの贈呈、ベトナム赤十字へ眼鏡の贈呈、東日本大震災におけるベトナムからの支援等、そして、この交流がベトナムから一戸町へ医学留学生の確保となり、一戸町の医師不足問題解決へとつながっている。

全国的に高齢化が進むなかで、一戸町においても高齢者人口は年々急激に増加しており、高齢化率[*2]は、2012（平成24）年3月現在、およそ34％とすでに本格的な高齢社会を迎えている。

2011（平成23）年11月、筆者が一戸町民セミナーの講師として招かれたと

＊2　高齢化率
65歳以上の高齢者人口が総人口に占める割合。

きのことである。参加者は高齢者が多かったが、ベトナム人妻の現在の暮らしぶりやベトナム語の紹介等を熱心に聞き入っている高齢者の様子がとても印象的であった。セミナー終了後、ベトナム人妻にベトナム料理のことや、家族のことを訪ねている様子から、多くは行政主導で国際交流が行われるなか、一戸町では官民一体、どちらかといえば住民主導の交流に行政が協力し、地域活性化につながっていると感じた。

　外国人の妻や子どもの育ち、教育において、家族はもちろん、家族以外の支援者の存在が欠かせないことは岩手県一戸町の質問紙調査の結果からも明らかである。近くの日本人が気にかけて声をかけるだけでも外国人の妻や子どもたちの環境は大きく変わる。

　この一戸町の国際交流や国際結婚が、外国人の流入による人口の増加や地域活性化としての先進的実践となり、それが、新たな価値として、過疎地域の国際結婚の実態を据えなおす機会となることは明らかである。しかし一方では、子育てをしている母親を支え、外国につながる子どもや母親の安定的な定住を促す方策を検討すること、外国人の母親の母語が伝承できる環境づくりが緊急な課題であると考える。

●学びの確認

①多文化共生社会を実現するために、どのようなことが必要であるか考えてみましょう。
②あなたが住んでいる地域には、岩手県のような国際交流関係施策があるかどうか調べてみましょう。
③②で調べた施策がどのように展開されているか話し合ってみましょう（地域で国際交流関係施策が行われていない場合は、他地域の施策について調べ、その施策について話し合ってみましょう）。

●発展的な学びへ

①国際交流、民間ベースの友好交流促進などに国際結婚の積極的意義や価値があることは言うまでもないが、最大の評価が経済的改善にあることについて話し合ってみましょう。
②国際交流や国際結婚の新たな価値について話し合ってみましょう。
③あなたが国際交流の行政にかかわった場合、どのような施策を提案できるか考えてみましょう。

第5章　行政の多文化共生への取り組み―多文化保育・教育をふまえて―

【参考文献】
- IMF「World Economic Outlook Databases」2010年10月版
- アマルティア・セン、石塚雅彦訳『自由と経済開発』日本経済新聞社　2000年
- 一戸町「一戸町男女共同参画基本計画」2006年
- 一戸町「一戸町独自の医師養成対策について」2013年
- 一戸町「平成25年度一戸町中高生海外派遣事業実施要項」2013年
- 一戸町「平成24年度一戸町国際交流協会事業実績報告書」2012年
- 一戸町「平成24年度海外福祉施策研修事業実績報告書」2012年
- 伊豫谷登士翁編「移動から場所を問う―現代移民研究の課題―」有信堂高文社 2007年
- 岩手県「岩手県多文化共生推進プラン―わかり合い、高め合い、ともに築く共生の国いわて―」2010年
- 岩手県地域振興部NPO・文化国際課「いわて国際交流要覧」2010年
- 大場幸夫・民秋言・中田カヨ子・久富陽子『外国人の子どもの保育―親たちの要望と保育者の対応の実態―』萌文書林　1998年
- 咲間まり子編著『保育実践を学ぶ 保育内容「人間関係」』みらい　2013年
- 佐竹眞明、メアリー・アンジェリン・ダアノイ『フィリピン―日本国際結婚-移住と多文化共生―』めこん　2006年
- 人間の安全保障委員会『安全保障の今日的課題―人間の安全保障委員会報告書―』朝日新聞社　2003年
- 宮島喬・太田晴雄編『外国人の子どもと日本の教育―不就学問題と多文化共生の課題―』東京大学出版会　2005年

COLUMN

ベトナム人元研修生の故郷を尋ねて

　2011（平成23）年10月20日から5日間、岩手県一戸町に研修生として来町し、3年間の研修を終えてベトナムに帰国した元研修生を一戸町国際交流協会の皆さんと訪ねた。

　成田から立ち、最初の訪問の町、ホーチミンに到着した。ここでは一戸町医師招聘先訪問と確認書の交換[*3]が目的である。次の日には、ホーチミンより首都ハノイへ向かった。ここでの目的は赤十字社に震災見舞いのお礼と眼鏡の贈呈、そして施設見学である。

　ハノイでの昼食は、「フォー」である。フォーは日本のうどんのような食べ物で、ベトナムの街では道端のあちこちで売られている屋台料理の一つである。フォーの原料は米で、米作の盛んなベトナムでは米はフォーのほか、ライスペーパーなど加工食品に広く利用されている。

　3日目にはハノイからベッチに行き、ここでは、元研修生との懇談会に参加した。

　参加者は60名以上で、なかには子どもを連れて参加した研修生もいた。通訳を介して「一戸町で研修してよかった。またぜひ来日して働きたい」との意見が多数聞かれ、日本への関心度、一戸町町民との交流の深さが伝わってきた。

　5日間はあっという間であった。そして、一戸町の皆さんの外国の方々への温かいおもてなしを改めて確認できた5日間であった。

*3 本章p.97を参照。

第6章 海外の子育て支援の現状

第1節　ノルウェーの子育て支援の現状

● ノルウェーの概要

　ノルウェーはヨーロッパ北部に位置し、フィヨルドと白夜そしてオーロラが美しい国として知られている。人口は2013年現在、約505万1,000人、そのうち6歳未満の人口は35万8,563人である。一人当たりのGDPは9万9,461ドルと世界第2位（2012年）で、経済的に豊かな国だといえる。さらに人間開発指数[*1]では世界第1位（2012年）、ジェンダー・ギャップ指数[*2]は世界第3位（2012年）と、経済だけでなく教育や生活についても豊かな国だとみることができる。
　住民はゲルマン系ノルウェー人が多くを占めているが、先住民族であるサーミ人もおよそ5～7万人、さらにイラク、イラン、パキスタンなど中東からの移民も多い。公用語はノルウェー語であるが、サーミ人が多く居住する地域では、サーミ語も公用語として認められている。

（1）ノルウェーの子育て支援

①子どもと親の状況

　ノルウェーにおける出生数は2013年4月時点で6万255人、男児が3万933人、女児が2万9,322人である。合計特殊出生率は1.85と日本と比較して高い。ただし、ノルウェーにおいても少子化は無縁ではない。1970年代には合計特殊出生率[*3]は2.73であったが、その後低下を続け1980年代には1.66まで落ち込んだ。しかし、さまざまな子育て支援策が取り入れられ、2009年には1.98まで上昇したのである。
　ノルウェーは女性の就業率も高い。2012年の人口に占める労働力人口比率[*4]は男性74.4％、女性68.5％であり、日本の男性70.8％、女性48.2％と比べて女性の労働力率の高さが目を引く。つまり、就業可能な年齢段階の女性は

[*1] 人間開発指数
国連開発計画（UNDP）から発表されている、その国の人間開発の度合いを表す指数である。指標の達成度を「長寿」「知識」「人間らしい生活水準」について測っており、平均寿命、成人識字率、総就学指数、GDPを用い算出する。

[*2] ジェンダー・ギャップ指数
世界経済フォーラムから発表されている男女格差に関する数値である。「経済活動への参加・機会」「初等教育や高等・専門教育への就学」「寿命や健康に関する男女比」「意志決定機関への参画（政治への関与）」を用い算出する。

[*3] 合計特殊出生率
1人の女性が生涯に産む子どもの数を表している。15歳から49歳までの女性の年齢別出生率を合計し算出する。

[*4] 労働力人口比率
15歳以上に占める労働力人口の割合のことを指す。労働力人口とは、就業者と完全失業者の合計であり、専業主婦や学生・高齢者・働く意思や能力のない者は非労働人口とされる。

(千人)

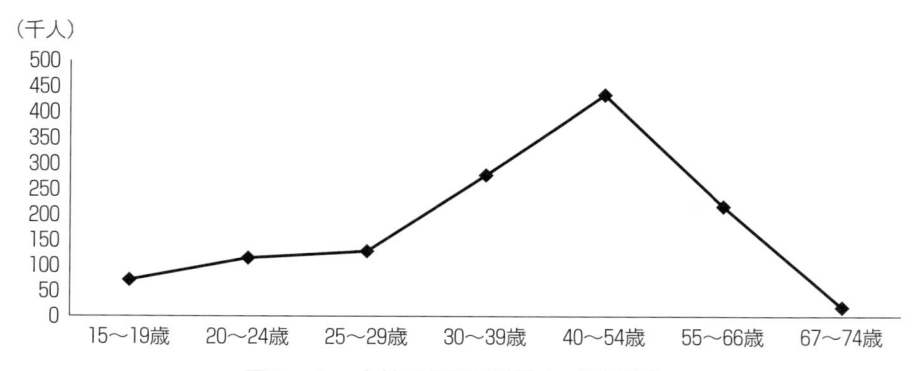

図6-1　女性の年齢別労働力（2012年）
資料：ノルウェー統計局資料をもとに筆者作成

出産や子育て期にあっても仕事をしているとみることができる。それは年齢別就業者数の推移をみても明らかである。図6-1のように、出産、子育て期と重なる30代においても変化がない。ちなみに日本では30代は10ポイント近く低くなっている。ノルウェーの第1子出生時の平均年齢（2012年）は、母親が28.5歳、父親が31.2歳なので、ほとんどの母親は仕事を継続しながら出産・子育てをしていることになる。では、子どもを生み育てることと、仕事の両立に対してどのような支援があるのだろうか。

②出産・育児の経済的支援（2013年）

出産・育児に関する経済的な支援にはまず出産時の一時金がある。出産一時金は35,263NOK（約58万3,000円）が支給される。

また、18歳未満のすべての子どもに対して児童手当の給付がある。この手当は子育てのコストをカバーするものである。子ども一人当たりでは月額970NOK（約1万6,000円）である。また児童手当には、母子家庭や北極圏に居住する家庭に対しての加算がある。ノルウェーのなかでも最北部の地域（へき地）であるフィンマルク、スバールバル地方に居住する家庭への加算は月額320NOK（約5,300円）、母子家庭加算は月額660NOK（約1万1,000円）となっている。

経済的な支援はまだある。子どもを家庭で育てていることに対する給付である。これは1歳児、2歳児のためのデイケアの利用に代わるものである。保育機関を利用せずに家庭で子育てしている場合、月額にして3,303NOK(約5万4,600円)が11か月支給される。さらに、デイケアを部分的に利用することと、現金支給を組み合わせることも可能である。その場合、デイケアの利用時間によって支給金額が段階的に減額して支給され、最大で23か月まで利用することができる。

ノルウェー厚生労働省によれば、これら家族保育手当の導入の目的は3つあるといわれている。1つ目は、保護者自らが子どもを世話する時間を与えること。2つ目は、その子どもにとってよりよい保育を選択できるようにすること。3つ目は、利用している保育の種類にかかわらず、保護者に対して手当の公平性を確保することである。

③出産・育児に関する休暇―パパクォーター制―

　ノルウェーでは子どもが1歳になるまでその父母が有給の育児休暇を取得する権利がある。2013年現在、休暇が49週間の場合には給与の100％、59週間の場合は給与の80％を受けることができる。つまり、休暇期間によって支給される金額が変わるのである。

　この休暇のなかで、最も特徴的なのは一定期間必ず取得しなければならないというクォーター制を導入していることである。特に父親に対する休暇である「パパクォーター制」は、ノルウェーが他の諸国に先立ち制度を導入したことで知られ、女性の就業率の高いノルウェーにおいて、育児が父親、母親の両方で行われるよう、父親の育児参加を促進する目的でつくられた。

　制度が設立されたのは1993年であるが、当初父親に対しては4週間のクォーター制が定められ、その後6週間になり、2009年には6週間から10週間に延長された。そして2013年7月からは14週間となっている。この14週間は父親に割り当てられたもので、もし父親が使用しなければこの期間は全体の日数から差し引かれることになる。

　一方で母親にも14週間の割り当て期間がある（出産直後の6週間＋自由に選択できる8週間）。特に母親の場合には、出産前に3週間[*5]と出産後の6週間は必ず取得すべき期間として位置づけられている。残りの8週間は給付期間中にいつでも取得することができる。

　このように1年間のうち父親、母親それぞれに14週間を割り当て、残りの

[*5] 出産前の3週間は母親のクォーター14週には含まれていない。

表6-1　出産・育児に関する有給休暇

	有給休暇の日数	49週間	59週間
		給与の100％	給与の80％
	取得時期	休暇の取得日数	
母親	出産前	3週間	3週間
	出産直後	6週間	6週間
	自由に選択	8週間	8週間
父親	自由に選択	14週間	14週間
父母どちらでも	自由に選択	18週間	28週間

資料：ノルウェー家庭省資料をもとに筆者作成

期間（100％給付の場合は18週間、80％給付の場合は28週間）は父親、母親のどちらが取得してもよいことになっている（表6－1）。

④勤務時間の短縮（タイムコント）と看護休暇

タイムコントは収入の減少をともなわず、子育てのために休暇を時間単位で取得しながら就業することを可能にするために導入された制度である。出産・育児休暇期間のなかで、父親と母親が取得する28週間の残りの期間について、すべて、あるいは部分的に育児休暇を取得することができ、この制度を利用することで最大2年までの有給の育児休暇を取得することができる。この制度は特に父親の育児参加の促進を目的として導入されており、父親・母親ともに仕事と子育ての両立をするうえで重要な役割を果たしている。

看護休暇は、子どもが病気のときに看護をするための休暇であり、子どもが12歳以下の場合に認められている。1人につき10日間、養育している子どもが2人以上の場合には15日間、子どもが慢性の病気や障がいがある場合には20日間の休暇が認められている。またひとり親の場合には、子どもが1人の場合には20日間、2人以上の場合は30日間となっている。

（2）ノルウェーの保育

①保育の基本情報

仕事と子育てを両立するためには保育機関の役割が重要である。ノルウェーの保育機関は、バルネハーゲと呼ばれ、ケアと教育を兼ね備えたいわば幼保一体の施設であり、就学前教育として位置づいている。所管するのは子ども家庭省であるが、実施主体は市町村となっている。

バルネハーゲには、認可された公立の施設と私立の施設があるほか、認可されているファミリー・デイケアの施設と、自由に参加のできるオープンの施設がある。これらの施設では国の基準である「保育施設法」によって、認可や運営、指導監督などの基本的な事項が定められている。たとえば職員の配置基準では、3歳未満の児童9人に対し、プレスクールティーチャー[*6]かチャイルド・マインダー[*7]1人が必ず配置され、さらに16歳以上の2年制見習い養成[*8]を修了した補助員2名の配置が定められている。また、3歳以上の児童は、18人に対して1人のプレスクールティーチャーに加え、2名の補助員が配置されなければならないとされている。なお、プレスクールティーチャーの養成は3年以上の大学等で行われることになっているが、近年では入園希望者のニーズに対してプレスクールティーチャーが不足しているため、保育に携わっている有資格者の割合は全体で30％程度であるといわ

[*6] プレスクールティーチャー
ここでいうプレスクールとは、就学前教育であるバルネハーゲのことであり、すなわちプレスクールティーチャーとは、その教員資格のことである。

[*7] チャイルド・マインダー
ここでいうチャイルド・マインダーとは、いわば保育士のことである。

[*8] ノルウェーの高等学校には職業教育のコースがあり、そのプログラムの1つとして「幼児・幼年期の発達（childhood and youth development）」がある。ここでの見習い養成とはそのコースの修了者のことである。

②保育の状況

2013年現在、ノルウェー国内には認可されているバルネハーゲが6,397施設ある。ノルウェー統計局によれば、バルネハーゲの公私の数は公立が2,986、私立が3,411と私立のほうが多い。2012年現在の在籍児童数は合計すると28万6,153人である。バルネハーゲに在籍している子どもたちは、日本の保育施設のようにすべてが同じ保育時間ではない。その子どもの家庭の状況によって保育時間が異なっている。1週間の保育時間でみると、41時間以上が90.3％と最も多いものの、33～40時間が4.3％、25～32時間が4.1％、17～24時間が1.1％、9～16時間が0.1％となっている（表6－2）。

年齢別ではどれほどの子どもたちが保育施設を利用しているのだろうか。先にみたようにノルウェーでは有給の育児休暇が充実している。そのため0歳児の利用は少なく、全体の3.8％となっている。しかし、1歳児では60.6％と半数を超える。さらに2歳児は90.5％、4歳児97.1％、5歳児97.6％と2歳を超えると格段に就園比率が高くなっている。

表6－2　保育時間の利用状況（週）

子どもの数	0～8時間	9～16時間	17～24時間	25～32時間	33～40時間	41時間以上
286,153人 (100%)	83人 (0.0%)	309人 (0.1%)	3,233人 (1.1)	11,848人 (4.1%)	12,255人 (4.3%)	258,425人 (90.3%)

資料：ノルウェー統計局「バルネハーゲ統計」をもとに筆者作成

表6－3　年齢別保育機関利用数と就園比率の推移

	0歳	1歳	2歳	3歳	4歳	5歳	6歳	合計人数(人)	就園比率(%)
2002年	1,085	17,078	30,357	46,113	50,098	52,906	625	198,262	65.9
2003年	1,375	18,770	31,192	47,698	52,416	53,127	594	205,172	69.1
2004年	1,461	21,260	33,299	47,823	53,592	55,116	546	213,097	72.1
2005年	1,814	24,986	37,379	49,303	53,245	56,203	571	223,501	76.0
2006年	1,918	29,269	42,390	52,156	53,459	55,250	506	234,948	80.3
2007年	2,564	35,409	46,302	54,169	55,812	55,003	556	249,815	84.3
2008年	2,713	39,134	50,342	55,093	57,068	57,074	462	261,886	87.1
2009年	2,706	42,246	51,659	57,489	57,491	58,065	518	270,174	88.5
2010年	2,603	44,317	54,408	57,775	59,378	58,180	478	277,139	89.3
2011年	2,599	44,316	56,083	59,740	59,548	60,031	420	282,737	89.6
2012年	2,318	42,754	57,384	61,409	61,556	60,338	394	286,153	90.1

注）就園比率は1～5歳で算出
資料：ノルウェー統計局「バルネハーゲ統計」をもとに筆者作成

これらの就園比率（1〜5歳）の推移を見てみると、2002年には65.9％と7割程度であったものが、2012年は90.1％と20ポイントほど高くなっている。年齢ごとの実数でみると、1歳では約2.5倍、2歳では約1.9倍、3歳では約1.3倍と年齢層が低いほど就園数が増加している（表6-3）。このことはノルウェーにおいて、子どもの年齢が低くても仕事と育児を両立している女性が多くなっていることを表している。

③ノルウェーの保育内容

ノルウェーではバルネハーゲの運営に関する法律（幼稚園法）がある。この法律が最初に制定されたのは1975年で、その後何度か改正されており、近年では2005年に改正された。幼稚園法では保育の目的や内容に加え、子どもと親の参加、設置責任や組織の義務、入園に関する業務、職員の資格、雑則などについて規定されている。具体的な保育内容に関しては、保育設置法において作成され、このナショナルカリキュラムに沿って保育が展開されている。それによれば保育の内容は「言葉、コミュニケーション」「運動と健康」「美術、文化と創造」「倫理、宗教と政治」「ローカルコミュニティと社会」「数学、スペースや形状」の6つの領域に分類されている。

また幼稚園法の第2条では、サーミの子どもたちに対する言語や文化など、文化的、民族的背景を考慮しなければならないこと、保育を通してサーミ人としてのアイデンティティを強化するねらいも含まれていることが記されている。では実際にどのような保育が行われているのだろうか。次項では、2012年9月に筆者らが訪問したバルネハーゲの様子を紹介する。

（3）サーミの子どもへの保育

①サーミの人々

「多文化」というと、異なる国の文化ととらえがちであるが、同じ国においても民族的な背景がさまざまで、異なる文化をもつ人々が存在する。ノルウェーにおいてサーミ人はその代表的な人々であり、ノルウェーの全人口のおよそ1.4％を占めている（約5〜7万人）。

サーミ人はノルウェー、スウェーデン、フィンランドの北部、いわゆるラップランド地方（現在はサップミと呼ばれる）とロシアの北方に住んでいる北方先住民族である。サーミの人々は他の先住民族と同様、独自の文化や言語をもっている。しかし、ノルウェーの歴史のなかでそれらの言語や文化は、必ずしも守られてこなかった経緯がある。そのため、今日サーミ人の多くはノルウェー語を使い、生活の様式もサーミ以外のノルウェー人とほとんど変

第6章　海外の子育て支援の現状

わりがない。

　一方でそれはサーミの人々にとって大きな問題でもある。サーミ人であるアイデンティティをどのようにもつのか、民族がもつ文化をどのように伝えるのかなど課題は多く、それは同時に保育や教育の問題でもある。ではサーミの人々にはどのような文化や生活様式があり、それをどのように伝えていこうとしているのだろうか。

②サーミの文化

　サーミの人々は、その居住地域とどのような仕事をしているかによって異なる生活様式をもつという特徴があり、森林サーミ、海サーミ、河川・湖サーミ、トナカイサーミに分けられ、それぞれに独特の生活様式をもっていたといわれている。たとえば海サーミは、北極海沿岸に居住し、夏は沿岸において漁労を、冬は内陸部で狩猟をする生活を営んでいたという。また、森林サーミは、数家族が集まりシータと呼ばれる共同体を構成し、野生トナカイの狩猟をはじめ、湖で漁労をし、トナカイを飼育するなどして生計を立てていた。森林サーミたちは、季節ごとに決まったルートで移動するため、トナカイはその際の荷役として重要な役割を果たしていたという。また、シータでは集団の組織として、さまざまな共同作業が行われ、移動生活の場合は移動用のテントで生活していた。北極圏という極寒の地であるため外気温はかなり低いが、テントのなかで火を焚き寒さをしのいでいたのである。

　サーミの人々にとってトナカイは特別な家畜であった。移動の際の荷役だけでなく、その毛皮や角は敷物や装飾品として、肉は食用として利用され、トナカイのすべてが余すことなく利用されたのである。

③サーミ支援地域のバルネハーゲ

　ノルウェーでは、サーミの人々が多く居住する地域をサーミ支援地域[*9]としている。その代表的な地域の一つとしてカウトケイノがある。カウトケイノはノルウェー北部、フィンマルク県にある人口2,000人程度の自治体である。

　2012年現在、カウトケイノには公立のバルネハーゲが5か所あり、50名規模の園が2園、10数名の園が3園である。また私立の園も2か所ほどあるが、数名の子どもを預かる家庭的なバルネハーゲである。筆者らが訪問した公立のバルネハーゲ（写真6-1）は、カウトケイノの中心部から車で10分ほど

写真6-1　バルネハーゲ

＊9　サーミ支援地域
事業開発のためのサーミ議会補助金スキーム地域のことである。サーミ議会が中心となり、サーミの伝統や文化を維持するために、教育も含めさまざまな支援策が実施されている。

の場所にあった。園舎は平屋の小さな家といった印象で、周辺は野原に囲まれ、日本の保育施設のような整備された園舎とは異なっている。この施設には1歳から6歳の子どもが14名在籍していた。

園のなかに入ると、そこは普通の民家を保育施設に転用したような家庭的な雰囲気であった。リビングには食卓

写真6－2　保育室の壁面

テーブルが、部屋の壁には、サーミの人々の暮らしを表した作品が掲示されていた（写真6－2）。

子どもの登園時間は7時45分から10時くらいまでと時間の幅が広い。また降園時間は14時30分から15時くらいと非常に早く、閉園も16時である。日本の保育所と比較すると考えられないほどであるが、ほとんどの保護者たちがそれ以前に迎えに来るという状況である。これらの降園時間に関する状況は、この施設独自の特徴ではなく、むしろノルウェー全体の特徴といえる。ただしオスロなどの都会と比較すると多少降園時間は早い。

④保育の特徴

本園での保育は基本的にノルウェーのナショナルカリキュラムに沿って行われているが、この地域の特徴として、サーミの文化をできるだけ取り入れた保育を行っている。まずサーミ語を使って保育をしているということである。子どもへ語りかける言葉をはじめとして、絵本の読み聞かせなどもすべてサーミ語で行っている。また文字を覚える年齢層の子どもには、ノルウェー語とともにサーミ語にもふれられるような掲示物が見られた。在籍している子どものなかでサーミ語ができない子どもがいる場合には、ノルウェー語を使うものの、それ以外の子どもたちにはサーミ語で話をするという。自治体からもサーミ語を使うよう要請、指導されている。もちろん、ノルウェー語もできなくてはいけないので、両方の言葉を使い保育をしている。そのため園で発行しているお便りもすべてサーミ語で記載されている。

次の特徴としてあげられるのは、遊びのなかにサーミの工芸などを取り入れていることである。たとえば、外遊びのときに散歩をしながら草を集めて紐をつくるなど、昔からの人々の知恵を遊びのなかに取り入れている。また、草を干して暖かい敷物をつくり、それを散歩のときに靴のなかに入れるなど、子どもたち自身が自分で経験できるようなことをしている。

トナカイを取り入れた保育も特徴である。サーミ人にとってトナカイは生

活に欠かすことのできない家畜である。サーミ人が暮らす地域では、以前はトナカイの放牧のため移動しながら生活する人々が多かった。現在はそれほど多くはないため、子どもたちが日常のなかでトナカイに触れることも少なく、サーミがもつ文化が家庭で伝わりにくくなっている。そこでバルネハーゲでは、年に数回、園の先生が所有しているトナカイで乳しぼりをする、トナカイに乗るなど、かつてこの地域で行われていた生活を経験できるような工夫をしている。

このようにサーミ支援地域のバルネハーゲでは、保育を通してサーミ人としてのアイデンティティを育むよう、多様な工夫がされている。

● 学びの確認

・日本の出産・育児に関する経済的な支援および育児休暇について調べ、ノルウェーと比較してみましょう。またそれらの支援策は社会にとってどのような影響をもたらすのか話し合ってみましょう。

● 発展的な学びへ

・現在の日本の保育施設においても、国や民族的背景が異なる児童が多く入所しています。その場合、保育現場ではどのような問題が生じやすいでしょうか。また多様な文化をもつ子どもやその保護者のために、どのような保育をすることが望ましいか考えてみましょう。

第2節　フィンランドの子育て支援の現状

●フィンランドの概要

> フィンランド共和国は、北欧に位置する、人口約543万人（2013年現在）、面積33万8,000km²の国である。首都はヘルシンキで、公用語はフィンランド語とスウェーデン語である。国土の4分の1が北極圏にあり、世界で最も北にある国の一つである。夏には白夜*10が続き、ヘルシンキの平均日照時間は20時間である。10月には雪が降り始め冬が訪れる。2月には日照時間が4時間程度の日が続き、平均気温はマイナス5度前後である。民族構成は、フィンランド語系が90％を占め、スウェーデン語系住民の他、北部に少数のサーメ人とロマ人、また人口の約4％強を占める外国人が居住する。国教は、福音ルーテル派で、教会の8割を占める。ムーミンやサンタクロースの故郷であり、作曲家のシベリウス、サウナ、キシリトール、オーロラなどでも知られる。

*10　白夜
真夜中になっても太陽が沈まず、暗くならない現象のこと。

（1）森と湖の国の子どもたち

①森と湖の国で育つ

　フィンランド人は、自国を「スオミ」と呼ぶ。スオミとは、フィンランド語で「森と湖の国」を意味する。実際に、陸地面積の65％が森林で覆われ、湖が18万個点在している。森には、白樺、松、トウヒが茂り、静かな時間が流れている。1年を通じ、春には新緑のハイキング、夏には水遊びや魚釣り、秋にはベリーやキノコ摘み、冬にはクロスカントリーやサウナなどを、伝統的に楽しむ習慣がある。この国にある「自然享受権」は、誰でも自由に森や湖に入って、キノコやベリーなどを好きなだけ手にすることができる権利である。

　白夜の季節になると、ヘルシンキ市内の公園でも、夜9時近くまで遊ぶ子どもの姿が見られる。日照時間の短くなる冬には、子どもたちは「ハーラリ」と呼ばれる防寒服を着て、太陽の出ている時間帯はよほどの吹雪でない限り外遊びを楽しむ（写真6－3）。保育所や小学校では、敷地の一部に水を張ってスケートリンクをつくり、ホッケーやスケートをする姿も見られる。また、年間を通して「クラヴァーテ（ど

写真6－3　ハーラリを着る子どもたち

ろんこ服)」という全身を覆うゴム製の服が大活躍しているのも、フィンランドならではである。

保育所や学校では、6月から2か月半の夏休みに入り、大人も平均1か月の休暇を取る。一番気持ちのよい季節に、ヨーロッパ旅行やコテージでのバカンスを大いに満喫するのが、フィンランド流である。

②「学力世界一」からみえるもの

フィンランドは、2000年に実施されたOECD生徒の学習到達度調査（PISA）で「学力世界一」になり、世界中から注目を集めている。成功の要因は、1クラス当たりの生徒の少なさ、教師に託された期待、学力の底上げを徹底する姿勢など、複合的な要素によるものと理解できる。その背景には、「平等の教育」のもと時間をかけて教育改革に取り組んだ歴史があり、「自己決定力」を重んじるフィンランド社会の性格が関係しているようである。

③教育理念

教育に対する基本的姿勢を一言で表すならば「教育の機会均等」であろう。フィンランドは、1917年に国家独立を果たしたのち、直ちに教育費を無償とする制度を確立した。人口500万人のフィンランドでは、一人一人が重要な資源であった。教育は投資であり、教育は皆にとって価値あるものと考えたのである。

写真6-4　小学校の授業風景

政治家オッリペッカ・ヘイノネン(Olli-Pekka Heinonen)は、1994年に29歳の若さで教育大臣に就任し、「学力世界一」の基礎を築いた主要人物である。彼は、教育理念と学力向上のつながりを強調し、次のように述べている。

『フィンランド人は昔から、一部の人だけによい教育をすればいいとは考えていません。わたしたちは、国民のレベルが上がって初めて、世界に通用する国になると考えています。フィンランド人のこうした考え方やアイデンティティは、ひとりひとりの教育レベルの向上に深く結びついています。このことが、成功の最も重要な要因だとわたしは思います』[1]

フィンランドは、北欧福祉型社会として長い時間をかけて、性別、年齢、出身、言語、信仰、健康状態を問わずに平等であることを強調してきた。こうした努力や信念に支えられながら、フィンランドの保育や教育、家族支援

の枠組みはできあがっていったのである。

（2）家族に優しい国と街

①世界で一番「母親に優しい国」

　フィンランドは、2013年のNGOの調査で「母親に優しい国」世界１位に選ばれた。子どもを産み、母親になろうとする女性にとって、最も恵まれた条件が揃った国と評価されたのである。フィンランドの子育て環境が、今改めて注目されている。

②ベビーカー事情

　ヘルシンキの街では、たくさんのベビーカーを目にする。その理由は、公共交通機関（電車、地下鉄、バス、路面電車）の制度とも関係している。実はフィンランドでは、０～６歳までの子どもを乗せたベビーカー利用者は、大人と子どもの運賃が無料である。この制度は、たとえ旅行者であっても適用される。車内には専用スペースが設置され、ベビーカーごと乗り込むことができる（写真６－５）。乗り降りに手助けが必要な場合には、間違いなく近くの誰かが手を貸してくれる。また、あらゆる施設には、ベビーカー置き場や広い通路が確保されている。レストランや図書館、保育施設、トイレにも、ベビーカーごと入れることが多い（写真６－６）。

写真６－５　交通局のパンフレット

写真６－６　開放的なレストラン

　石畳や雪の道でも負けない重量感あるベビーカーは、ヘルシンキの街を走り、子どもの安全と家族の安心を支えている。この国の子育て支援の手厚さと歴史が、日常のベビーカー事情から垣間見られる。

③育児休暇制度

　フィンランドの、出産に伴う育休・産休制度は、大きく３つに分けることができる。第一に「母親休暇（産前・産後休暇）」である。母親のみが105日取得可能である。第二に「両親休暇」である。父親、母親のどちらかが取得

できる。これは分割取得も可能で、母親休暇終了後から158日間ある。第三に「父親休暇」である。父親のみが取得可能で、54日間ある。この「父親休暇」は、2013年1月に「父親月間」と統合され改定された。特徴は、1日〜3週間までは、母親と同じ時期に休むことができる点である。残りの日数は、母親と交代で取得しなければならない。

　給与は、母親休暇の場合、56日間は給与の約9割、そのほかの期間では、いずれも約7割が支払われる。なお、両親が希望すれば、子どもが3歳になるまで、どちらかが育児休暇を延長することができ、休暇期間中の解雇や降格は禁止されている。母親休暇、両親休暇が終わると、264日目からは無給となるが、自宅保育の補助金としての「家庭保育給付金」がもらえる。3歳までは月額336.67ユーロ（約4万7,000円）が支給される（2013年11月現在）。また、すべての子どもに児童手当が支給されるほか、部分的育児休暇や時間短縮労働などの制度もある。

　フィンランドの父親休暇取得率は、2011年時点でおよそ80％である。リッポネン元首相が、在任中に育児休暇を取得したことも有名な話である。実は、日本にもフィンランドに負けず劣らずの育児休暇制度が整えられている。しかし、日本の父親の育児休暇取得率は2％に満たない。フィンランドには、社会制度を家族が積極的に利用しやすい風土が根付いている。妊娠から子育てという人生の大きな節目に対する人たちへの、社会の温かいまなざしが感じられる。

④ネウヴォラとマタニティーパッケージ

　フィンランドのすべての地域には、公立のネウヴォラがある。これは、日本でいうならば、近所の保健センターであろう。ネウヴォラは、医師、保健師、医療や事務スタッフによって構成される、一番身近な子育て支援の拠点でもある。住居から最寄りのネウヴォラでは、出産前後の母親の検診、乳幼児の定期健診などのサービスがすべて無料で受けられる。ここでの健診記録は、子どもが6歳になるまで保管され、必要に応じて医療機関や保育施設などと連携を図りながら利用されている。

　出産が近づくと「マタニティーパッケージ」が各家庭に届けられる（写真6-7）。これは国民健康保険機構から、出産を迎えるすべての女性へ贈られる「子育てグッズ」である。産着から防寒着、哺乳瓶、おしりふき、育児本、玩具、タオル、爪切り、クリームなど、子どもが産まれたらすぐに必要な最低限のものが揃っており、別名「母親支援キット」と言う。セットの入った箱は頑丈で、付属の布団を敷くとそのままベビーベッドとしても使える構造になっている（写真6-8）。

写真6-7　マタニティーパッケージ　　　　写真6-8　パッケージに包まれて

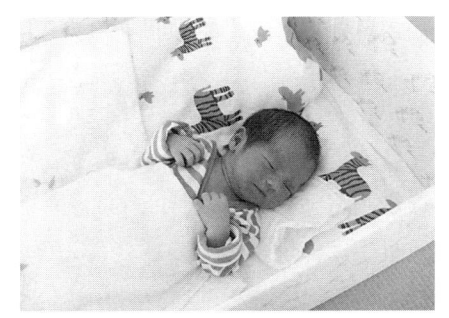

⑤産院と出産費用

　出産が近づくと、ネウヴォラから居住地区の公立病院を紹介される。ほとんどの場合、出産後1〜5日で退院する。出産には入院費用として、おおよそ1日25ユーロ（約3,500円）×入院日数分が請求される。たとえば、3日間の入院の場合には、75ユーロ（約1万500円）必要となる。この費用には、分娩、諸検査、投薬、食事、部屋代などの諸費用がすべて含まれている。産院では、食事や文化的習慣なども配慮される。最近では、外国語を話せるスタッフがいたり、複数言語のパンフレットが置かれるなど、都市部では移民や難民の出産を想定したサービスも積極的に行われている。

⑥出産後の支援体制

　出産後は、ネウヴォラを中心として、医師と保健師による自宅訪問が数回、1歳までほぼ毎月の0歳児の定期健診が実施されている。1〜6歳児では最低6回の健診がある。歯科健診や予防接種、健康相談（第1子の場合12回）や子育て広場への参加などもすべて無料で利用できる。健診の目的の1つに、特別な支援が必要な子どもの早期発見がある。支援が必要だと思われる場合、医師、カウンセラー、看護師、言語療法士、作業療法士、理学療法士などの専門職とも連携しながら体制を整えていく。この一連のサービスは、日本ではいくつもの機関でバラバラに行われているが、フィンランドでは担当保健師もほとんど変わらない。担当者との長期的な関係が、何よりの保護者へのサポートとなる。

（3）フィンランドの保育・教育の実際

①保育所（パイヴァコティ）

　フィンランドでは、7歳以下の子どもをもつ母親の約80％が、フルタイムで働いている（2013年12月現在）。育児休暇制度などを活用しながら、ほとんどの子どもが1歳前後から保育所に入所する。

フィンランド語で保育所を意味する「パイヴァコティ」は、直訳すると「昼間の家」である。文字通り、多くの保育所には、メインの部屋、遊ぶための部屋、台所や食事の部屋、昼寝の部屋などがあり、家庭的な雰囲気を大切にしていることがわかる。また「こんなところに保育所があった！」「これが保育所？」と驚くような、市街地のビルの一室にある保育所や、民家と変わらないたたずまいの保育所も多い。

保育所の管轄は2013年に社会福祉健康省から教育文化省に移った。2013年現在、就学前の乳幼児すべてが自治体の保育を受ける権利を保障されている。具体的には、保育を必要とする乳幼児がいた場合、市が3か月以内に保育所を見つける義務があるため、待機児童は存在しない。

フィンランドの就業時間は、朝8時から夕方4時が基本である。したがって、保育所も、朝7時に開園し、5時頃に閉園する場合がほとんどである（写真6－9）。ただし、勤務体系や保護者の事情への配慮として、24時間保育所、特別な支援が必要な子どもの保育所もある。こういった保育所も含めて、基本的にはすべて公立である。保育料は、家族の所得と保育時間によって決まり、全日保育で、最高額が1か月264ユーロ（約3万6,000円）、半日保育は約半分になる（2012年8月現在）。この費用には、朝食・昼食・おやつが含まれている。また、私立保育所もあり、ヘルシンキ市内にも、英語、ドイツ語、イタリア語、アラビア語を母語とする子どものための施設や、シュタイナー教育や音楽などに特化した施設もある。ただし、保育料やサービスに差が生じないよう、公的な監視のもとで管理と補助がなされている。

保育者が担当できる子どもの人数は、3歳以上の場合、大人1人当たり7人まで、3歳以下の場合は大人1人当たり4人までと決まっている。都市部では、保育所入園前に保育者が家庭訪問をすることも増えている。また、保護者が入園前に保育所に出向いて面談することもある。そこでは、家族構成、母国語や宗教、食事、昼寝などの生活習慣、教育方針などについての情報が共有され、保育所生活へ家族でスムーズに入るための機会となっている。

なお、フリーで仕事をしたり、家庭で育児をする人には、自治体や教会が主催する「遊び学校」など、週

写真6－9　タイムスケジュール（日課表）

3～4日間、午前中か午後の3時間預けられる保育施設もある。さらに、保育所が近隣にない地域や少人数での保育を希望する場合、国からの福祉サービスとして「保育ママ」と呼ばれる家庭的保育も普及している。

②**就学前教育クラス（エシコウル）**

6歳の秋になると、保育所の子どもたちは、「エシコウル」と呼ばれるプ

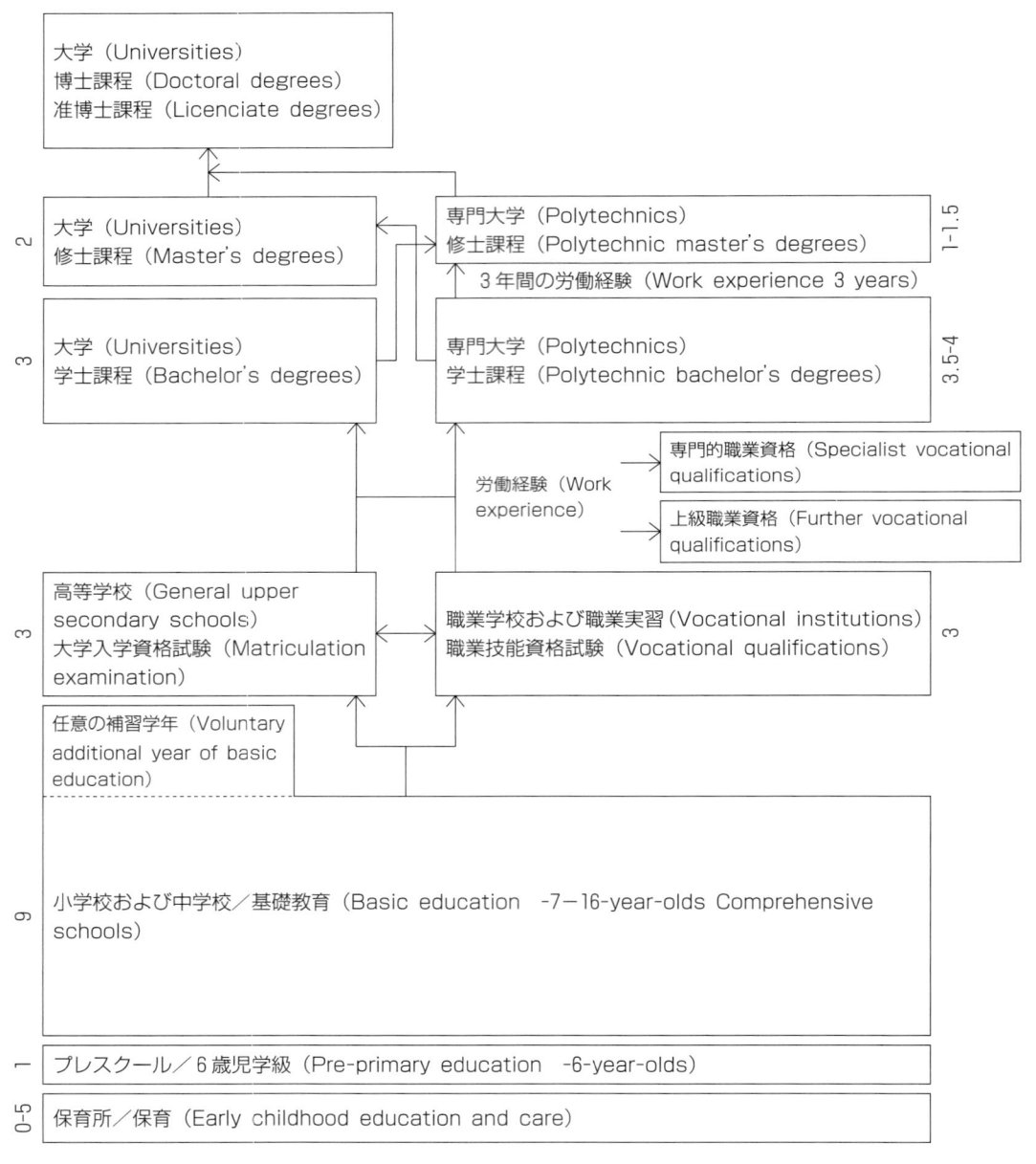

	大学（Universities） 博士課程（Doctoral degrees） 准博士課程（Licenciate degrees）		
2	大学（Universities） 修士課程（Master's degrees）	専門大学（Polytechnics） 修士課程（Polytechnic master's degrees） ↑ 3年間の労働経験（Work experience 3 years）	1-1.5
3	大学（Universities） 学士課程（Bachelor's degrees）	専門大学（Polytechnics） 学士課程（Polytechnic bachelor's degrees）	3.5-4
		労働経験（Work experience）→ 専門的職業資格（Specialist vocational qualifications） → 上級職業資格（Further vocational qualifications）	
3	高等学校（General upper secondary schools） 大学入学資格試験（Matriculation examination）	職業学校および職業実習（Vocational institutions） 職業技能資格試験（Vocational qualifications）	3
	任意の補習学年（Voluntary additional year of basic education）		
9	小学校および中学校／基礎教育（Basic education -7－16-year-olds Comprehensive schools）		
1	プレスクール／6歳児学級（Pre-primary education -6-year-olds）		
0-5	保育所／保育（Early childhood education and care）		

図6－2　フィンランドの教育制度

出典：フィンランド教育文化省ホームページを参考に筆者作成

レスクールで、就学前教育を受け始める（図6－2）。これは、スムーズに学校生活をスタートさせるための準備として行われる教育で、無償である。教育内容は、小学校のリズムに近い時間配分で行われ、遊びを主体とした集団活動を中心に展開される。クイズや音楽遊び、紙芝居などを通して、集団生活の決まりについて知り、文字や数に慣れ親しんでいく。多くは午前中4時間をエシコウルで過ごし、午後は保育所で過ごすという掛け持ち型で実施されている。エシコウルには、ほぼ100%の子どもが通っている。

③義務教育の始まり

フィンランドの義務教育期間は、小学校入学時からの9年間である。エシコウルを経て、7歳の秋に小学校に入学し、その後中学校、高等学校へと進学する。中学卒業時には、高校へ進学するか、職業学校に進学するか進路を選ぶことができる。その後は、大学または高等技術専門学校に進むことが一般的である（図6－2）。

④鉛筆一本まで無料

フィンランドの義務教育の最も大きな特徴は、教育の無償化である。フィンランドでは、エシコウルから大学教育まで、学費が無料である。このことが、子どもへの均等な教育機会を保障し、家庭への子育て支援にもなっている。義務教育期間は、給食費や通学のための交通費、その他の教材費が無料で、学校では学習に必要な物品がすべて支給される。授業で必要な、ノート、鉛筆、はさみ、絵の具セット等はもちろん、家庭学習に必要な文房具も配布される。義務教育期間の教科書は、小学校1年生の算数、国語のみ、記念としてもらえる。小学校2年生以降は貸与が基本である。また、学用品にも、所有できるものと貸与されるものがある。日本のように、学用品を揃えるだけで数万円という事態は起こらないが、ルールを守りながら学習していく責任がある。なお、高校は義務教育でないが、教科書以外は原則として無料である。大学や専門大学になると、学用品や交通費などは自己負担となるが、生活手当が支給される。

⑤ちゃんとした国民へ

フィンランドで、子どもをどのように育てたいかという話題になったときに、しばしば「Kunnon Kansalainen（クンノン　カンサライネン）」という言葉を耳にする。直訳すると「ちゃんとした国民」である。そこには、正直であること、自分だけでなく他人のことも考えること、仕事をすること、家族がいれば世話をすること等、社会的義務を果たす人間になってほしいという願いが込められている。フィンランドで出会ったたくさんの人たちから感じられた、静かなパワーを体現するような、印象的な言葉であった。

混沌とした多文化社会のなかで、フィンランドがフィンランドらしく、今後どのような国を築いていくのか、さらなる底力に注目したい。

●学びの確認

・フィンランドにおける「すべての人に平等な教育を」という理念について、あなたの考えをまとめてみましょう。

●発展的な学びへ

・日本の子育てに関する内容で「世界一」と呼べるものを調べ、その内容についてプレゼンテーションしてみましょう。

第3節　アメリカの子育て支援の現状

●アメリカの概要

　アメリカ合衆国は、北米大陸のカナダとメキシコの間に位置する、人口3億1,763万人（2014年現在）、面積962万8,000km^{2}の国である。首都は東海岸に位置するワシントンD.C.で、公用語は存在しないものの英語を主言語とし、近年ではスペイン語を母語とする人々が増加している。政治体制としては、大統領制を採用しており、2009年に就任したバラク・オバマ現アメリカ大統領は米国史上初のアフリカ系アメリカ人の大統領として大きな話題となった。また、50州とワシントンD.C.からなる連邦制をとっている。
　民族構成は、白人、ヒスパニック系アメリカ人[*11]、アフリカ系アメリカ人[*12]、アジア系アメリカ人[*13]および先住民族であるネイティブアメリカ人があげられる。世界第3位をほこる広大な国土には、3つのタイムゾーンがある。アメリカ経済を支える産業は、農業、工業、エネルギー産業、金融等多様であり、また音楽、スポーツ、芸術などの文化的な発信も多い。

*11　ヒスパニック系アメリカ人
メキシコを含む中南米からアメリカに移住した者およびその子孫を指す。アメリカにおいて最も大きなエスニックグループであり、その人口はおよそ5,200万人で、全人口の約17％を占めている。また、その人口は増加傾向にある。ラテン系アメリカ人ともいう。

*12　アフリカ系アメリカ人
アフリカにルーツをもつアメリカ人をいう。ヒスパニック系アメリカ人に続いて2番目に多いエスニックグループであり、人口はおよそ4,400万人。

*13　アジア系アメリカ人
アジアにルーツをもつアメリカ人をいう。

（1）自由主義福祉国家における子育て支援

　アメリカの保育を理解することは容易ではない。なぜなら、保育にかかわるルールが連邦政府によって統一されていないからである。すなわち、保育対象年齢、保育期間、保育施設名称、保育者資格の内容、保育施設の認可基準および子育て支援策に至る保育にかかわる多くの事項に関して、各州が独

第6章 海外の子育て支援の現状

表6-4 アメリカの保育（施設名称と対象年齢）

形態	0歳	1歳	2歳	3歳	4歳	5歳	6歳
公立	早期ヘッドスタート （Early Head Start）			ヘッドスタート（Head Start）		幼稚園 （Kindergarten）	小学校
				プレK（Pre-K）			
民間	施設型保育（Preschool, Day Care, Child Care Center, Nursery School）						
	在宅型保育（Family Day Care） ベビーシッター、ナニー、オーペア						

出典：松山有美「『自助努力社会』における保育政策と保育選択―アメリカを事例として」名古屋学芸大学研究紀要　教養・学術編第6号　2010年および Feeney, Stephaine., Moravick, Eva., and Sherry Nolte. *Who Am I in the Lives of Children? An Introduction to Early Childhood Education.* 2013. をもとに筆者作成

自に定めており、その様相は地域ごとにさまざまである。そこで本項では、連邦政府主導で行われてきた数少ない全国規模の子育て支援を取り上げ、それらの子育て支援に共通してみられる子育てに関するアメリカ的価値観を理解したうえで、アメリカにおける子育て支援の展開を概観したい。

支援の実際を学ぶ前に、まずは保育施設と対象年齢の区分を確認しておく。表6-4はアメリカの保育の対象年齢とその施設名の区分である。州ごとに異なるものの、おおむね0～5歳の小学校入学前の子どもが子育て支援の対象といえる。

①自立を促す公的子育て支援

アメリカにおける子育て支援は、自由主義福祉国家という国のあり方に基づいている。自由主義福祉国家は、すべての個人が就労を通して個々の自立を図ることを前提とし、過剰な公的扶助*14は個人の就労意欲を脆弱化させるという考え方をその特徴としている。それゆえ、公的な支援は何らかの理由で自立が困難な場合のみ提供されるべきであるという価値観が支持されてきた。子育て支援も例外ではない。すなわち、私的領域である家庭における子育ては、自助努力による問題解決が促され、政府の介入は最小限の支援に抑えられてきたのである。

こうした社会的背景のなか、アメリカにおいて乳幼児およびその家族を支えてきた最大の子育て支援は、「要扶養児家族扶助」（Aid for Families with Dependent Children：AFDC）であろう。AFDCは18歳以下の子どもを養育する貧困世帯に対して、補助金の支給や医療および食料を無償で提供するなどの経済的な子育て支援として1935年に公的扶助（The Social Security Act of 1935）の一環として成立した。AFDCは補助金の受給年数に制限を設けず、かつ受給世帯の保護者に対して就労を義務づけてはいなかった。つまり、母

*14 公的扶助
国や地方自治体が税金を財源として給付する救貧を目的とした経済的支援を指す。給付の対象は主に貧困者および貧困家庭の子どもである。

119

親たちが賃金労働に従事することなく家庭での子育てに専念できる環境を提供することを大きな目的としていた。その背景には、子育ては母親が家庭において行うべき私的領域における行為だという社会的認識が存在した。

しかしながら、受給年数の制限や就労義務がないことでAFDCに依存し、就労しないまま長期受給者となっていく世帯の増加が深刻な問題となっていった。実際に、1962年から1973年のおよそ10年間で受給世帯数は、月平均92万4,000世帯から335万7,000世帯と急激に増加し、さらに福祉改革への関心が高まる1994年には、504万6,000世帯まで膨れ上がっていた。そして、AFDC受給者の多くを占めるシングルマザーたちは、「ウェルフェア・マザー」（福祉に依存する母親）や「ウェルフェア・クイーン」（福祉に依存する女性）などと批判の対象となり、福祉に依存する母親たちの存在が社会問題として顕在化していった。

こうした受給世帯の増加および受給費捻出による財政の深刻な圧迫は、その結果として1996年にAFDCから「貧困家庭一時扶助」（Temporary Assistance to Needy Family：TANF）への切り替えという大規模な福祉改革を導き出した。この切り替えにより、おおむね5年という受給期間の制限と受給中の就労の義務が保護者に対して定められた。AFDCからTANFへの移行は、就労による自立を促す自助努力社会の流れをくむ子育て支援策の体現であった。

②ヘッドスタートを通した貧困からの脱却

AFDCあるいはTANFのような経済的子育て支援とともにアメリカ連邦政府が取り組んできた子育て支援にヘッドスタート（Head Start）がある。1965年から続くヘッドスタートは、貧困家庭の子どもたちを対象にした就学前の準備機会を提供する保育施設である。日本社会で適応されている「保育所保育指針」や「幼稚園教育要領」のような全国で統一された保育カリキュラムをもたないアメリカにおいて、ヘッドスタートは唯一連邦政府の定めたカリキュラムで運営される保育施設である。その役割は、就学前の準備として、主に3〜5歳の貧困家庭出身の子どもたちを対象に基礎的な読み書きの学習、数量的思考能力や言語能力への働きかけ、体力強化のための運動が含まれるとともに、情緒の安定や学習意欲の向上など、精神的なケアも提供している。また、健康診断や歯科検診なども同時に実施している。さらに、1994年には早期ヘッドスタート（Early Head Start）が開始され、支援の対象を妊婦および0〜2歳児までに拡充した。早期ヘッドスタートでは、胎児および妊婦の健康管理、栄養指導や子育てに関する知識を提供するとともに、乳幼児の成長発達を促す衛生的で安全な保育の場を作り出している。

連邦政府は、2012年におよそ80億ドルの予算をヘッドスタートおよび早期ヘッドスタートに投入し、100万人以上の妊婦と子どもたちがそのサービスを利用した。利用者の内訳は、4歳児が48％で最も多く、次に3歳児34％、2歳児6％、1歳以下9％、5歳児2％、そして妊婦は1％であった。また、利用者の40％がヒスパニック系アメリカ人と最も多く、続いて29％がアフリカ系アメリカ人であり、家庭での使用言語が英語以外の利用者は30％であった。5人に1人の子どもが貧困状態にあると言われるアメリカ社会において、特にヒスパニック系アメリカ人とアフリカ系アメリカ人の子どもたちの貧困率は30％を越えている。ヘッドスタートおよび早期ヘッドスタートの利用者の多くがヒスパニック系アメリカ人およびアフリカ系アメリカ人であることは、こうした子どもたちの劣悪な発達環境を映し出しているといえる。

　家庭環境と学力の相関関係が明らかになるにつれて、貧困を起因とする劣悪な家庭環境が子どもたちの成長発達に与える影響について、深刻な社会問題として関心を集めてきた。貧困家庭出身の子どもたちは、将来にわたって貧困に陥りやすく、高校中退や薬物にかかわる犯罪、10代での妊娠など、若者をめぐる問題への高いリスクが存在すると言われてきた。それゆえ、ヘッドスタート・早期ヘッドスタートを通した貧困の連鎖からの脱却は、子ども個人の健全な将来を保障するとともに、公的扶助に頼らない自立した大人を生み出すきっかけとして大きな期待が寄せられてきた。アメリカ社会全体にかかる負担を軽減するために、子どもたちが公的扶助に頼らない自立した大人に成長していくことに対して公的支援を注入するという姿勢は、アメリカ社会に自助努力を尊び、就労による自立をめざす価値観が存在することを明らかにしている。

③民間主導型の子育て支援

　公的な子育て支援の対象が自立困難である貧困家庭に限定されている一方で、アメリカでは民間主導型の子育て支援が発展してきた。その多くは、民間企業および個人が運営する保育施設やベビーシッターサービスなどである。民営の保育施設（プレスクール、デイケアセンター、チャイルドケアセンター）は、全米で保育施設のチェーン展開をする大規模保育施設から地域のニーズに根ざした小規模施設までさまざまである（写真6-10、11）。保育産業の成長とともに拡大するチェーン保育施設は、チェーン内での統一カリキュラムの採用、採用保育者の資格統一基準やきめ細かい保育者研修、充実した遊具などを通して、魅力ある保育環境を子どもおよび保護者たちに提供してきた。しかしながら、利益追求をめざす企業による保育施設の運営は、利用者獲得を目的とした保護者に対する過度な営業、経営悪化による保育者の労働

写真6-10　民間保育施設（2歳児の保育室）

写真6-11　民間保育施設の園庭

環境の劣化など、市場原理に影響を受ける危うさを持ち合わせている。また、高額な保育料を必要とする保育施設では、一部の裕福な家庭出身の子どもたちだけが利用できるという保育環境における格差さえ生じさせている。

　一方で、大規模なチェーン型保育とは異なり、地域のニーズに寄り添いながら安価な保育料によって利用できる教会やNPOを運営母体とする非営利型の小規模保育施設が各地域に点在している。これらの施設は税の控除や寄付金など、財政的な支援を受けることで保育料を安価に押さえる努力をしている。しかしながら、十分な資金が確保できないことで、保育施設における衛生の欠如、遊具の不足、設備の安全性が保たれていないなどの課題を抱えている施設は多い。また、十分な運営資金が確保できないため、保育者への賃金の支払いや雇用面に課題を抱える施設では、保育者の離職率が高い。そのため、その不足を補うために無資格者を保育者として採用するなど、保育者の専門性やそこで提供される保育の質の確保に深刻な問題を抱えている。

　こうした施設型保育とは別に、アメリカにおいて増加している民間主導型の子育て支援として、自宅の一部を保育室として解放し、少数の他人の子どもを預かり保育を提供するファミリーデイケアがあげられる。ファミリーデイケアは、早朝保育や病児・病後児保育など、就労する保護者にとって必要な支援をきめ細かく拾い上げる役割を果たしている。さらに、英語を母語としない保護者や子どもたちに対して、スペイン語や中国語などの母語による保育の提供も行われている。しかしながら、州ごとに設けられた認可基準を満たさない無認可ファミリーデイケアを運営する個人も多く存在するため、その質に大きなばらつきがあることが課題としてあげられる。

　ここまで学んできたように、アメリカの子育て支援のあり方に共通するのは、自由主義的福祉国家という個人の自立を是とした価値観である。貧困家庭のみを対象とする限定された公的子育て支援は、多様なニーズに柔軟に対

応できるさまざまな民間主導型子育て支援の成長を促してきた。しかしながら、その成長の陰で保育の質や保育者の労働環境を保障するチェック機能が全米で統一されていないことは見過ごすことはできない。なぜなら、十分な保育の質が確保されないことで最も犠牲となるのは、ほかでもない子どもたちだからである。

（2）多文化保育の展開

①「多文化壁面」の実践

　保育者にとって重要な仕事の一つとしてあげられるのは、保育室内の壁面作成である。それぞれの施設において異なる作成方法があるが、本項では筆者が保育者として働いていた頃に実際に作成した「多文化壁面」を紹介したい。なお、ここでは「多文化壁面」を、子どもたちの文化的背景に配慮した造形であるとともに、その壁面を利用して多文化保育の学びを展開する保育教材とする。

　移民大国であるアメリカにおいて、一つのクラスにさまざまな文化的背景をもつ子どもたちや保育者がいることは決してめずらしいことではない。子どもたちは、日常的に多文化的な環境で保育を受ける経験をしている。実際に、筆者が担当した2歳児クラスでも、10数名の子どもたちすべての文化的背景が異なることもあった。こうした保育環境で保育を提供する保育者は、人種、宗教や出身国など、一人一人の子どもたちがもつ文化的背景や家庭環境に対して配慮をしなくてはならない。子どもは、保護者や保育者など身近にいる大人の影響を受けながら差別に対する意識を2歳頃から芽生えさせる。つまり、子どもたちは、保育者が自分自身とは異なる文化的背景をもった存在に対して共生的な態度で接するか、もしくは差別的態度で接するかということに影響されるのである。

　「多文化壁面」の作成に話を戻すと、筆者が担当したクラスには、ユダヤ教徒、キリスト教徒、アフリカ系アメリカ人や中国からの移民など実にさまざまな文化的背景をもった子どもたちがいたため、保育室に多文化的な雰囲気を作り出すために多文化壁面を作成した。ここでは、子どもたちにとって重要な行事が続く12〜2月にかけての壁面を紹介する（写真6-12）。12月に入るとユダヤ教を信仰する子どもたちはハヌカー*15、アフリカ系アメリカ人の子どもたちはクワンザ*16、キリスト教を信仰する子どもたちはクリスマスをそれぞれ祝い、その後旧正月に向けてアジア系の子どもたちは、家庭にて祝いの準備を始める。

*15　**ハヌカー**
ユダヤ教の年中行事の一つである。ユダヤ暦キスレブ（太陽暦では11〜12月にあたる）の25日から8日間続く祭事。祭事中はろうそくを灯し祝う。

*16　**クワンザ**
アフリカ系アメリカ人が祝う祭事の一つ。12月26日〜1月1日までの間、果実を飾ったり、ろうそくを灯し、自らのルーツであるアフリカを尊ぶ。

写真6−12　多文化壁面の例
注）左からクリスマス・クワンザ・ハヌカー・旧正月をテーマにした壁面

　壁面作成の手順としては、初めにそれぞれの祭事にかかわるテーマを設定する。そして、そのテーマに沿ったシンボルを複数作成し、子どもたちの気づきを引き出すためのヒントとする。たとえば、ハヌカーをテーマにした壁面は、ハヌカーのシンボルとしてハヌッキーヤ[*17]を作成し、その下にその行事への理解を深化させるための切り抜きをヒントとして貼り付ける。切り抜きはハヌカーの祝いの際に子どもたちが遊ぶドレイドルという駒に似せてある。この切り抜きが何を意味するのかを子どもたちと考え、実際にユダヤ教の子どもたちが家庭内で使用しているハヌッキーヤやドレイドルの話から、日常生活に溶け込んでいる文化性へと話を展開していく。保育者は、すべての子どもたちが自分にかかわる壁面を通して自らの文化を友だちと共有する時間を設定していく。

②多文化保育の変容

　他の文化背景を知るためにファッション（伝統衣装）、食事（伝統料理）、祭り（伝統行事）を通して学ぶツーリストカリキュラムが長い間多文化保育の手法として用いられてきた。しかし近年、こうした旅行感覚の学びではなく、子どもたちの生活に寄り添いながら日常生活に散りばめられた多文化性に主眼を置く保育方法が注目されている。そこでは、ある伝統的な行事をきっかけとしてその行事がどのように子どもたちの生活に溶け込み、子どもたちの日常生活を構成しているのかを知ることに主眼が置かれている。そのため、保育者は行事を祝うだけの一過性の体験ではなく、保育施設で日常的に繰り返されるごっこ遊びや造形活動を通して、いかに多文化理解を促すことができるのかということに配慮しなくてはならない。

　さらに、保育者は自らが他の文化に対して共生的態度をとることはもちろんのこと、自分自身の文化的背景に誇りをもち、積極的に子どもたちとそれを共有することが求められる。子どもたちにとって多文化保育を通した学びは、単に他の文化を知るということに留まらず、自分と友だちの違いを認め

*17　ハヌッキーヤ
祭事中に灯す8本のろうそくのための燭台。

合うこと、友だちを大切にすること、そして自分自身の特性を理解しそれを誇りに思うという、自己に対するポジティブなイメージや自信を培う絶好の機会なのである。さらに近年では、多文化の範疇は広がりをみせている。これまでに注目されてきた肌の色、母語、食事や生活習慣の違いだけではなく、同性愛や性同一性障がいなどの性にかかわる違いやさまざまな障がいに対する理解を深める活動も、保育施設の活動を通して積極的に取り入れられている（写真6-13）。

写真6-13　多文化保育を扱った絵本教材
注）『Keesha&Her Two Moms Go Swimming』（写真左）は、同性愛者の父親・母親たちとその子どもをテーマにした絵本。『Catherine's Story』（写真右）は、障がいをもつ女の子の日常を描いた絵本。

　多文化保育は、アメリカにおける子育て支援のルーツである。全米初の保育施設は、1855年にドイツ系移民によって開設された。母国ドイツにおいて保育者であったマルガレーテ・シュルツ（Margarethe Schurz）は、ドイツ系移民の子どもたちを対象にドイツの文化や言語を伝承していくことを目的の一つとして自宅を保育施設として開放した。ドイツ語でいう「子ども園」が、英語の幼稚園（Kindergarten）の語源である所以はこうした背景がある。移民国家であるアメリカにおいて、多文化保育とは避けて通ることのできない子育て支援の形態であろう。そして、その手法が子どもたちにとってより有益になるよう今後の発展が期待される。

（3）多様な保育選択に向けて

　これまでの学びからアメリカにおける子育て支援は、国の成り立ちに影響を受けて独自の展開を遂げてきたことがわかる。自立を促す子育て支援は、困窮する子どもと保護者に手を差し伸べるだけでなく、子どもたちが将来にわたり健全な生活を送るための自立への方策を提供してきた。またその一方で、保護者の私的領域を尊重し、保護者が子どもや自身のニーズに合わせた保育を自由に選択することができる民間主導型の保育を育てる土壌を作り出してきた。

　しかしながら、産業構造や社会構造が劇的に変化し、人々特に女性のライフスタイルがこれまでとは全く異なる様相をみせるなかで、自立している・していないにかかわらず、子育てはもはや私的領域において個人の努力によ

り支えることができなくなっている。加えて、犯罪や性体験の低年齢化、虐待など、子どもにかかわるさまざまな課題は、これまで以上に多様かつ複雑化している。子育てへの社会的支援、すなわち公的介入は今までにないほど必要とされているのではないだろうか。

　そうしたなか、アメリカと日本が子育て支援をめぐって学び合えることは多い。民間主導で展開されてきたアメリカの子育て支援は、その質の向上に向けてよりユニバーサルな基準を設けることが急務である一方、日本においては利用者のニーズをよりきめ細やかに拾い上げるために民間の力が必要になってきている。それだけに、アメリカと日本はそれぞれの経験を共有し、知恵を出し合い学び合うことで双方にとってよりよい子育て支援の提供が実現するのではないだろうか。大人が社会的支援を積極的に選択し、子どもが健やかに育つことは、社会にとっても有益であることは言うまでもないであろう。

●学びの確認

・日本において議論が高まっている保育所への民間企業参入の是非をアメリカの現状をふまえて考えてみましょう。民間主導型保育の利点をあげるのと同時に、その課題を話し合ってみましょう。

●発展的な学びへ

・「多文化壁面」を制作してみましょう。また、その壁面を利用した遊びを考えて指導案を作成してみましょう。

第6章　海外の子育て支援の現状

第4節　中国（上海）における子育て支援の現状

●上海の概要

　上海は、東シナ海に面する中国の玄関口とも言われ、昔から海外との交易や外交が盛んな都市である。2013年現在、上海の人口は約984万人で、北京の人口約744万人をしのいでいる。北京が政治の中心であるのに対して、上海は中国最大の経済都市である。浦東（プートン）新区は超高層ビル群が立ち並び、世界中から企業が集まるグローバルなエリアとなっている（写真6－14）。

写真6－14　経済都市である上海

　高度経済成長に伴う繁栄とともに交通量も急激に増え、光化学スモッグや車の排気ガス、粉塵による健康問題が近年深刻になっている。2008年以降、PM2.5（微小粒子状物質）による大気汚染問題が騒がれてからは、大気汚染数値によって子どもの外遊びの時間が制限されることが多くなった。

　上海は外国資本を呼び込むことに力を入れており、外国人居住地区は一般の中国人とは別の区域に設けられている。日本人が多く住む「浦東（プートン）」「虹橋（ホンチャオ）」では、日本国内と同様のコンビニエンスストアやレストランがあり、街路樹や公園が整備され、マンションの出入り口には守衛が常駐するなど、赴任した家族が安全で快適に生活できるよう、住環境が整えられている。

　上海に住む中国人は、経済の発展とともに購買力もある中間所得者層が拡大しているが、低所得者層と高所得者層の所得格差は大きく、居住エリアは自然に分かれる形となり、生活の様子や住宅環境は所得層により大きく異なる。

（1）中国の幼児教育の歴史と変遷

　アジアは教育に熱心な国が多いといわれるが、中国は広大な国土を有するために各地の発展の不均衡が深刻で、地域によって教育事情にも格差がみられる。しかし、中国教育部の「2012年中国教育事業発展統計公報」によると、中国の就学前教育の普及は進んでおり、幼児園就園率は前年比2.2ポイント増の64.5％に達したとされる。

　北京、上海などの大都会や沿岸の省などは経済的に発展しているため、幼児教育の普及はさらに進んでいて、2004年の時点で上海市では幼児園就園率が99.9％に達しており、現在も高い就園率を維持している。

西部、中部の大部分の省と自治区等の農村部では、経済的制約もあるために、幼児教育の普及は遅れている地域が多い。中国では各省・各地方自治体が保育・教育の内容を規定してよいことになっていることも地域による格差に拍車をかけている要因といえる。この実情を前提にして、上海の教育事情をとらえる必要がある。

①中国における幼児教育の流れ

　中国では０～３歳児までは中国政府衛生部が管轄する託児所で保育し、３～６歳児（地域によっては７歳児）までの子どもは中国政府教育部が管轄する幼児園で保育、教育を行う。

　1950～1980年代は、寄宿舎のように宿泊させて子どもを預ける「全託」と呼ばれる寄宿制保育を実施している託児所、幼児園が多かった。社会主義体制である中国は、性別や子どもをもつ、もたないにかかわらず、労働して国に貢献することを重んじてきた。そのため育児は国が担うという意識が強く、寄宿制保育は仕事のスキルや効率を上げるための制度として、一般の家庭に抵抗なく受け入れられていた。

②一人っ子政策後の意識の変化

　その後、中国では人口の急激な増加に伴う出産制限政策として、1979年に「一人っ子政策」が施行された。夫婦に一人しか子どもをもてない時代に入り、一人のわが子を大切に育てる風潮が上海、北京といった経済的に豊かな都市を中心に高まっていった。

　1990年代からは国が運営する公立幼児園以外に、企業が経営する私立幼児園が数多くつくられたことも、幼児教育の発展、多様化に大きく貢献している。

（２）上海の子育て・幼児教育

①上海の子育て事情

　現在の上海では、夫婦は共働きで、子どもが幼児園に入園する３歳までは祖父母が育児をすることが一般的である。上海では夫婦それぞれの実家が近隣にある場合が多く、夕食は祖父母が届けたり、実家で夕食を済ませるなど、実家を頼りに仕事と子育ての両立を図る若い世代の夫婦が多い。

　上海の幼児園では朝７時30分頃に登園し、17時頃に降園する園が多く、朝食、昼食、夕食をすべて幼児園が提供することもめずらしくない。送り迎えは夫婦が分担して行い、祖父母が協力する家庭も多い。

　祖父母の協力を得ることが難しい場合、農村地域から働きに来ている"阿

第6章　海外の子育て支援の現状

姨（アイ）"*18と呼ばれる女性を、ベビーシッターや家事手伝いのために雇っている家庭もある。このような子育て事情の変化から、現在では上海には託児所はなく、寄宿制保育を行う幼児園もみられなくなった。

中国、とりわけ上海のような経済的に豊かな都市部の一人っ子は、両親と祖父母の"6つのポケットをもつ"と言われ、中国の都市部における幼児教育ビジネスはますます競争が激しく、盛んになっていくことが予想される。

上海では2004年9月から一人っ子同士が結婚した場合、第二子を出産することができるという緩和策が施行され、現在は子どもを二人産む家庭が増えてきたことも、最近の子育て事情の変化である。

②上海の幼児教育事情

中国では「幼児園は教育を受けさせるために入園させる」という親の意識が強く、上海市内の中国人が経営する幼児園では、漢字教育、英語教育、詩の暗誦、ローラースケート等のスポーツ、名画の模写といった知育教育を保育のなかで導入している園が多い。たとえば、日本では漢字を小学校の6年間で1,006字教えるが、上海の幼児園では3～5歳までに1,000字教えているところが多い。さらにモンテッソーリ教育*19をはじめとする西洋からの教育法を導入したり、日本のアニメーションのテーマソングでリズム体操を楽しむなど、外国文化を取り入れた保育教育を行う園が増えている。

中国は古くから学歴社会であるが、人口増加に伴い受験競争がさらに激しさを増している。名門小学校に入学できない場合は海外へ留学させる家庭もあるなど、保護者の教育熱とわが子にかける期待は大きく、こうした背景から現在も教育重視の幼児園は多い。

中国の幼児教育における新しい流れとして、1996年に施行された「幼児園工作規定」では、幼児園における幼児教育を、授業形式ではなく遊びを基本活動とし、幼児の個人差に注意を払って一人一人の個性に合った教育を行うよう、遊びや発達の個人差の重要性を認識することを示唆している。近年「遊び」の大切さに着目して教育する幼児園が出てきたのは、「中国幼児園工作規定」の影響が大きいといえる。中国でも「知育」から「遊び」へと幼児教育観が変わりつつある。

（3）上海に住む日本人家族の子育て事情

文部科学省の統計（2011［平成23］年4月15日現在）では、海外における最も大きな日本人学校*20は上海で、児童生徒数は3,063人である。2番目のバンコクは2,707人、3番目はシンガポールで1,850人であった。このように

*18　阿姨
中国語のお手伝いさんをいう。上海に住む日本人からは阿姨さん（アイさん）と呼ばれている。日本人やイギリス人、フランス人等の外国人の家庭で、ベビーシッターや幼稚園の送迎等を含む家事手伝いとして雇われる場合が多い。
上海の阿姨さんのなかには、中国人が経営する幼児園や日本人が経営する幼稚園で掃除や洗濯等、日本の用務員のような仕事をする人たちもいる。

*19　モンテッソーリ教育
20世紀初頭にマリア・モンテッソーリによって考案された教育法。知的障がい児へ感覚教育法を施し、知的水準を上げるという効果をみせ、1907年に設立した貧困層の健常児を対象とした保育施設「子どもの家」において、その独特な教育法を完成させた。

*20　日本人学校
海外においても、日本国内の小学校、中学校または高等学校における教育と同等の教育を行うことを目的とする、全日制の教育施設である。小学校のみの地域もあるが、小学校、中学校を併設している所が多い。
1956（昭和31年）にタイのバンコクに設置されて以来、2012（平成24）年4月15日現在で、世界50カ国に88校が設置されており、約2万人が学んでいる。なお、2011（平成23）年には、上海日本人学校に高等部が開設された。

129

写真6-15　上海の日系幼稚園

写真6-16　保育室の様子

　大規模な日本人学校を有する上海は、就学前の日本の子どもの人数も多い。
　日本人が経営している日系の幼稚園は上海に9園ほどあるが（2013年現在）、どの園も定員は常にいっぱいという状況である。保護者の仕事関係の異動も多いため、入退園する子どもの入れ替えが1年を通して多いことも特徴の一つである。また、日本の幼稚園は3歳児から入園できるが、上海の日系の幼稚園では、就園年齢を2歳児もしくは3歳児からとしているところが多い（写真6-15、16）。
　上海の英語系の幼稚園はアメリカ系、イギリス系、シンガポール系を合わせて25園ほどあるが（2013年現在）、いずれも保護者に英語力が要求され、入園できる年齢も0〜3歳児までとさまざまで、日本人家庭の子どもたちも通園している。日系、英語系の幼稚園ともに1か月の保育料は約6〜10万円で日本の保育料の倍以上かかる。他にもローカル系といわれる中国人が経営する幼稚園で日本人を受け入れる園も5園ほどある。
　上海在住の日本人家庭において、日系の幼稚園への入園希望者が多いのは、日本の文部科学省より告示された「幼稚園教育要領」に基づいた保育・教育を実践していることと、担任とのコミュニケーションを母語である日本語で図れることが大きな要因と考えられる。海外での狭い日本人社会において人間関係に悩む母親も増えていて、幼稚園の担任等に相談するケースも多く、言語の壁がない日本人担任を希望する保護者は多い。
　日本ではみられない日系の幼稚園の特色としては、日本人担任の他に、現地で採用した中国人スタッフを副担任として配置し、カードや絵文字を使って遊ぶなかで中国語を教える活動を行

写真6-17　中国語を学ぶ園児

い、子どもたちが上海での生活に早くなじむことを目的とした語学教育を行っている園が多いことである（写真6-17）。

　上海在住の子どもをもつ日本人家庭では、前述した"阿姨（アイ）"を「アイさん」と呼んで、家事手伝いやベビーシッターとして雇い、幼稚園の送り迎えもアイさんに任せている家庭も少なくない。日本の幼稚園と同じ午後2時位に降園した子どもをアイさんが迎えに行き、3時のおやつを食べさせた後、近くの公園で子どもが遊ぶのをアイさんが見守る姿は、上海では日常よく見られる光景である。

　海外では仕事関係の催しや行事に夫婦単位で出席することが多く、上海も例外ではない。急に子どもを預ける必要が生じた場合、信頼関係のあるアイさんに子どもを任せたいという考えから、普段から何人かのアイさんに交代で来てもらい、そのなかから常勤のアイさんを選んでいくというケースが多いようである。他にも、母親自身の趣味の充実や、父親だけでなく母親自身も上海で働くために、アイさんを雇うケースが増えてきている。上海で子育てをする日本人家庭において、アイさんは子育てを支えてくれる頼もしい存在なのである。

（4）上海の幼稚園で働く日本人の先生たち

　上海で働く日本人は、日常会話に必要な中国語を習っている人が多い。一般の中国人に英語を理解する人が少なく、日常の買い物などにも中国語での会話が必要とされるためである。特に幼稚園の場合、送迎をアイさんが行う場合が多いため、中国語が必要になる。現地で採用された中国人の副担任などが、園児に対してだけでなく、日本人担任にも中国語や文化の違いを教え、仕事の面ばかりでなく、生活するうえでの支えとなっているようだ。

　中国は日本に比べて物価が安く、住宅は幼稚園で準備する場合が多いため、贅沢をしなければ、1か月当たり日本円で5～6万円位で生活できる。幼稚園教諭の給与は日本国内と同等か、少し高めの給与体系である場合が多く、生活費の残りは貯金をしたり旅行に充てるなど、経済的にはゆとりをもって生活することができているようだ。なお、上海の水事情は下水道が整備されていないためよいとは言えず、幼稚園はもちろん、各家庭では大きなポリタンクでミネラルウォーターを完備し、飲用水や調理に使用している。

　10年以上現地の幼稚園で勤務する先生もいるが、平均すると3～5年程度で日本に帰国する人が多いようである。帰国後は、経験を生かして保育所や幼稚園で働く人と、一般の企業で働く人に分かれるようである。

最後に、上海の幼稚園で働いていたある先生から、海外で幼児教育の現場で働きたいと希望している学生へ向けてのメッセージを紹介する。

> 　若いうちに海外で働いた経験をもてたことは、本当によかったと思います。上海に限らず、海外で生活していくには自分のなかで何に対しても好奇心をもつことが大切です。カルチャーショックは必ず受けるので、好奇心がないと負けてしまいます。
> 　また、一人一人の子どもに柔軟に対応することが求められるように、上海でさまざまな国の人とかかわる際にも柔軟さが必要です。上海の同じ幼稚園で働いていた保育者のなかには、途中で辞めたり、挫折して苦しんだり、いつもイライラしている人もいました。自分が幸いそうならなかったのは、うまくいかないことを怖がらなかったからです。そういうものかと納得したり、うまくいかないことをおもしろがる気持ちがあったからだと思います。
> 　人生のなかで海外での生活経験を一度はしてもよいと思います。海外で生活すると世界のなかの日本がよく見えて、それは日本に帰ってきてからもとても役に立っています。
> 　私の場合、日本で社会人としての勤務経験がなく海外に行ったことはよかったと思います。大学を卒業してすぐに海外で勤務することに対しては賛否両論あると思いますが、まっさらな気持ちで行けたから受け入れられたと思います。

　日本や上海ばかりでなく、世界中どの国の保育・教育の現場でも、その人自身の人間性、人間力が問われる。感動も大きいがストレスも大きく、責任のある大変な仕事であることに変わりはない。しかし、保育・教育は子どもにかかわるすべての人たちが成長できる素晴らしい仕事であることを、この先生の話を通して確信することができるだろう。また、上海の幼児教育事情を通して、子どもの生きる力を育むことができる保育・教育のあり方を、さらに考察していくことの重要性を確認することができる。
　保育・教育は、子どもたちの未来を拓く、素晴らしいものである。将来、保育者・教師をめざすあなた自身が、子どものような好奇心をもって、柔軟に、うまくいかないことも楽しんで、自分の人生を思いきり生きてほしい。

●学びの確認

・中国でも「知育」から「遊び」へと幼児教育観が変わりつつありますが、なぜ子どもにとって「遊び」が重要であるのか話し合ってみましょう。また、「保育所保育指針」および「幼稚園教育要領」では、遊びを通して、子どもは何を学び、身につけていくと記されているか確認してみましょう。

●発展的な学びへ

・上海では光化学スモッグ、PM2.5などの影響により、外遊びの時間が制限されることがあります。数値の高い日は約30分以内、日によっては全く外遊びができない日もあります。日本でも2011（平成23）年に起きた東日本大震災での原子力発電所の事故による放射能の影響から、福島県内では現在も外遊びが制限されている地域があります。また、2014（平成26）年頃から日本でもPM2.5の影響が深刻化していますが、このような環境問題にさらされている子どもたちを支えていくことも、保育者としての重要な役割です。これらのことをふまえ、あなたが上海の幼稚園でクラス担任になったつもりで、外遊びが十分にできない日に、保育のなかでどのような遊びや活動を行うか、子どもの発達、環境に配慮しながら考えてみましょう。

第5節　韓国の子育て支援の現状

●韓国の概要

> 韓国の国土面積は10万32km^{2}であり、人口は5,094万8,272人である（2013年1月1日現在）。そのうち、外国人登録者数は144万5,631人で、総人口の2.8％に該当する。国民の約55.1％が宗教をもっており、最も多いのはキリスト教（プロテスタント）で22.5％、仏教22.1％、キリスト教（カトリック）10.1％、その他の宗教の順である。
> 　教育制度は小学校（6年）と中学校（3年）の計9年の義務教育制度であり、幼稚園は「教育部」が管轄、オリニジップ（保育施設）は「保健福祉部」が管轄している幼・保二元化制度である。
> 　韓国の文化は儒教の影響を受けている。儒教は宗教的概念より生活習慣や生活規範として定着しており、人々の考え方、言語様式、行動方式等に密接な関連がある。その特徴は、人の行為徳目として"孝"が重視される家族中心の文化、自然と人間との調和や人間と人間との調和を基本にする序列文化、挨拶や敬語が重視される礼儀文化である。そして血縁・地縁を中心とする共同体社会文化であり、さらに現代に入って学縁も重視される側面があるのが特徴であると言える。

（1）はじめに

　本章では、韓国の子育て支援に関連して、1つは新保育政策の実施、もう1つは多文化家庭の子育て支援について概観したい。

　近年、韓国では深刻な少子化問題や保育施設の待機児童問題など、日本と同様の保育課題に直面している。それを解決するため、韓国政府は保育に対する国家の責任を強化した新しい保育政策を実施している。新保育政策のなかで、本節ではすべての乳幼児（満0～5歳）を対象に家庭の所得に関係なく財政支援をする「保育の無償化」の推進と、在宅保育児を対象に支給する「養育手当」、地域の子育て支援サービスの拠点としての役割を果たしている「保育情報センター」事業等について考察したい。そして、近年急速に増加している外国人労働者や国際結婚移民者の増加による"多文化家庭"の子どもの現状および子育て支援についても紹介したい。

　各国の多文化共生社会の形成においては、各国の異なる歴史的・社会的背景がある。ここでは「多文化家庭」を韓国の「多文化家族支援法」[*21]を拠り所とする結婚移民者家族と、「在韓外国人処遇基本法」を拠り所とする外国人勤労者家庭を包括し広範に定義する。また本論の「多文化家庭」という用語は、韓国では学問分野や政府および社会団体において「多文化家族」とい

*21　多文化家族支援法第2条（定義）
この法で使用する用語の意味は以下の通りである。1."多文化家族"とは、次の各項目の1つに該当する家族をいう。ア．「在韓外国人処遇基本法」第2条第3号の結婚移民者と「国籍法」第2条から第4条までの規定によって大韓民国の国籍を取得した者としての家族。イ．「国籍法」第3条及び第4条によって大韓民国の国籍を取得した者と同法第2条から第4条までの規定によって大韓民国の国籍を取得した者としての家族。

う用語で使われているものと同様の意味で使用することにする。その概念として教育科学技術部（現在は「教育部」に改称）は、「多文化家族とは通常、現在国内に定住している国際結婚家族を意味する用語として、一つの家族のなかに多様な文化が共存しているという意味であり、韓国人配偶者と結婚した移住女性または男性家族をいう。すなわち、我々と異なる民族、文化的背景をもつ人で構成された家族の通称である」と定義した。

（2）保育施策の最近の動向

①乳幼児の状況

韓国の2012年度の合計特殊出生率は1.297（約48万4,600人）で、前年度の1.24より増加している。そして、2012年12月末現在の乳幼児（満0～5歳）推計総数は、277万7,812人である。そのなかで、満0～5歳児の保育施設利用児数は148万7,361人、そのうち国公立保育施設利用率は10.1％、民間保育施設および家庭保育施設利用率は76.6％であり、その他は共同保育施設、ハグォン（塾）等の施設を利用している。また、満3～5歳児の幼稚園利用児数は61万4,347人で、公立幼稚園在園児は12万7,123人（21％）、私立幼稚園在園児は48万7,224人（79％）である。このように韓国の乳幼児保育・教育は民間施設に依存していることがわかる。

特に韓国の保育制度は、日本のような公的保育制度ではないため、個人運営の民間施設の設立が多く、自由競争中心の幼児教育・保育が行われていて、加熱した早期教育の問題や保育費用負担の問題など、さまざまな問題に直面してきているのが事実である。またそれが今日の少子化の原因の一つであるといっても過言ではない。このような問題を解決するため、韓国政府は画期的な保育政策の改革や子育て支援システムを整備し実施している。

②新保育政策

韓国では保育に対する国家の責任が強化された政策「アイサラン・プラン」（2009～2012年）の実施によって、保育施設利用児に対する保育費用の支援、在宅保育の乳幼児を対象とする「養育手当」の導入、保育施設を対象とする支援など、財政支援を増やした保育政策を実施している。そして保育の質的向上のため、2013年度から幼・保の統合カリキュラムである「3～5歳年齢別ヌリ課程」[*22]を実施している。これは幼保一元化への第一歩といえるものである。「3～5歳年齢別ヌリ課程」の実施に伴い幼児教育・保育料を支援し、実質的に認可保育施設（「嬰（乳）幼児保育法」第10条による国・公立、社会福祉法人、法人・団体等、職場保育、家庭保育、共同保育などの認可され

*22 3～5歳年齢別ヌリ課程
幼稚園の国家水準の「幼稚園教育課程」と保育施設の「標準保育課程」を統合した満3～5歳を対象とする共通カリキュラムである。2012年度は満5歳を対象とする「満5歳ヌリ課程」が実施されたが、2013年3月からはすべての幼稚園と保育施設の満3～5歳児のカリキュラムとして実施されている。保育施設の乳児（0～2歳）は従来の「標準保育課程」が引き続き適用されている。

表6－5　保育料支援および養育手当（2012～2013年度）

単位：ウォン（₩）

区分 年齢	保育料支援（バウチャー）		養育手当（施設未利用時）	
	2012年度	2013年度	2012年度	2013年度
満0歳	すべて39.4万	すべて39.4万	差上位20万	すべて20万
満1歳	すべて34.7万	すべて34.7万	差上位15万	すべて15万
満2歳	すべて28.6万	すべて28.6万	差上位10万	すべて10万
満3歳	所得70％以下 19.7万	すべて22万	無	すべて10万
満4歳	所得70％以下 17.7万	すべて22万	無	すべて10万
満5歳	すべて20万	すべて22万	無	すべて10万

注）差上位とは、所得額が最低生活費の1.2倍以下の階層で、基礎生活受給者（日本での生活保護受給者）よりは少し所得額が多い階層である。2014年度基準の例をみると、4人家庭の場合、最低生活費の月額は約160万ウォン（約16万円）で、差上位階層の所得は約190万ウォン（約19万円）以内の家庭をいう。
資料：保健福祉部「保育政策課告知事項」より筆者作成

た保育施設）と幼稚園を利用している乳幼児を対象に無償保育制を実施している。すなわち、認可された幼稚園および保育施設を利用する乳幼児を対象に保育バウチャー[*23]による保育費用が支援されている。また、これは2016年までの増額が決まっている。満5歳児の場合、2013年現在で毎月22万ウォン（約2万2,000円）が支援され、以後、2014年に24万ウォン（約2万4,000円）、2015年に27万ウォン（約2万7,000円）、2016年には30万ウォン（約3万円）に増額される予定であり、実質的に保育無償化をめざすものである。また、先にも述べたように、乳幼児保育施設および教育機関を利用していない在宅保育児を対象に、家庭の所得に関係なく「養育手当」が現金支給される。表6－5は2012年度と2013年度の支援内訳である。

　その他、障がい児保育料支援として、満0～12歳の未就学の障がい児（「障がい者福祉法施行令」第2条の障がいの基準・特殊教育対象者・障がいの所見診断書所持の場合に準拠）を対象に、保護者の所得水準に関係なく保育料39万ウォン（約3万9,000円）が支援される。

③地域の子育て支援

　地域の子育て支援の拠点施設である「保育情報センター」は、2013年5月現在、ソウル市の「中央保育情報センター」を含め全国に67か所ある。「保育情報センター」の事業内容は、大きく保育政策実施の支援の役割と地域の子育て支援事業に分けられる[*24]。

　各地域の「保育情報センター」の子育て支援は、各地域のニーズに合わせて実施されている。ここでは、「江南区保育情報センター」の地域子育て支

*23　保育バウチャー
保護者が「アイサランカード」で保育料を決済すると該当保育施設に政府支援保育料が入金される制度。

*24
保育情報センターは、国家水準の「3～5歳年齢別ヌリ課程」実施や保育施設の評価認証（第3者評価制度）の実施において支援の役割と地域の子育て支援の拠点の役割をしている。

援事業を紹介したい。子育て支援の内容をあげると、総合的な子育て支援ができる施設の「江南区育児支援センター」を設立し、地域子育て家庭の親子が利用できる自由遊び広場や図書室の提供、育児相談の専門員によるセンター内の育児相談室の運営、平日の一時預かり保育、保護者の子育てサークル支援や家族参加の文化行事の開催等

写真6-18　江南区育児支援センター

を行っている。写真6-18は地域の親子が利用できる「江南区育児支援センター」の図書室の様子である。

（3）　多文化家庭の子育て支援

①多文化家庭の増加と乳幼児の状況

　韓国は1970年代に経済的に発展し、1980年代に入り移住労働者の増加が始まり、1990年代には"コリアンドリーム"という言葉が生まれるようになる。その結果、急速に変動する多文化共生社会における不法就労などの社会問題が生じるようになり、韓国政府は2003年に「雇用許可制」を制定し、法的根拠を基本にして外国人労働者の受け入れや外国人の支援制度を整備し始めたのである。

　外国人登録者人口の増加推移をみると、約89万人（2008年）、約111万人（2009年）、約114万人（2010年）、約127万人（2011年）、約141万人（2012年）であり、2013年1月1日現在は144万5,631人で韓国の総人口の2.8％である。また、統計庁の調査（2010年）によると、外国人登録者総数120万8,544人の国籍別の現況は、中国（韓国系中国人を含む）53.7％、ベトナム12.2％、アメリカ4.8％、フィリピン4.0％、日本2.9％、台湾1.7％、その他の順である。一方、居住資格別構成をみると、就労が55万6,948人（46.1％）、国際結婚が13万6,556人（11.3％）で、特に女性の国際結婚移住者が多い。国際結婚移民者を国籍別にみると、中国（韓国系含む）が48.7％、ベトナムが23.8％、日本が7.5％、フィリピンが5.0％、カンボジア2.7％、その他12.3％の順である。

　特に外国人労働者や国際結婚移民者の持続的な増加に伴って多文化家庭および多文化家庭の子ども数が増加しており、2012年の保育統計によると、外国人登録人口140万9,577人のうち、児童（0～18歳児）数は16万8,583人、就学前の満0～5歳児の乳幼児数は10万4,694人である。また2013年1月1日

現在の児童数は19万1,328人（外国人登録人口総数の13.2％）に増加している。
②子育て支援の現状
　韓国では多文化家庭の成立と背景の特殊性に合わせた多文化家庭中心の子育て支援が行われているといえる。

　韓国の多文化家庭の類型は外国人労働者家庭、国際結婚家庭、セト民（脱北者）家庭[*25] 3つに分けられる。

　特に、国際結婚移民者の家庭の子どもの年齢別構成比をみると、満6歳未満児が61.9％で最も多く、満7～12歳児が24.9％、満13～15歳児が8.2％、満16～18歳児が5.1％を占めている（2011年の安全行政部の調査による）。このような結果から今後も多文化家庭の子どもの子育て支援や多文化保育・教育は韓国の保育・教育の重要課題であることがわかる。

　当初、多文化家庭の支援はNGOや宗教機関を含む民間団体と外国人密集地域の地方自治団体を中心に行われていたが、現在は韓国政府の「女性家族部」と「保健福祉部」の部署を中心に多様な支援が行われている。

　「女性家族部」は当初、「結婚移民者支援センター」を設立して支援していたが、2007年の「在韓外国人処遇基本法」の制定によって「多文化家族支援センター」に改称し、全国の各地域において多文化家庭支援を行っている。2006年度に21か所の「多文化家族支援センター」で始まったセンター数は、2013年現在、全国で200か所と増加している。

　女性家族部の報告から「多文化家族支援センター」の利用状況（2012年度）をみると、全体利用者数は11万3,000人で、前年度対比で30％増加している。その支援内容としては語学指導、通訳サービス、韓国の生活文化体験プログラム、子育て家庭に対する育児相談や子どもの学習支援があり、家庭訪問事業として、妊娠・出産に関する健康管理と出産準備、育児訪問サービスが行われている。また、多文化家庭の子育て支援として乳幼児保育料支援が実施されているが、その対象は原則的に「多文化家族支援法」第2条による多文化家庭の小学校就学前の満0～5歳児とその例外として認められた児童とされている。

③多文化保育政策と実践
　保育施設を管轄している「保健福祉部」の多文化家庭支援の概要をみると、❶政策対象別の結婚移民者の早期定着と自立力量の強化、❷子女の健康な成長およびグローバル人材の育成、❸多文化家庭の生活の維持、❹国民の多文化社会移行の増進などを重点とする政策を実施している。

　また、「保健福祉部」の傘下機関である「育児政策研究所」と「韓国保育振興院」において多文化家庭の子育ての実態調査を行い、その実態に対応で

*25　セト民家庭
脱北者出身の男性と女性の結婚もしくは脱北者出身の男性または女性が韓国に入国後、韓国の女性または男性と結婚した家庭。

きる支援方案の構築に努めている。「育児政策研究所」の多文化家庭の子育て現状に関する2011年度の調査結果によると、国際結婚女性移民者の子育てを支援する人は夫の家族が40.0％で、特に祖父母が最も多い結果となっている。その他は多文化施設が33.8％、結婚移民者同士の友人が20.7％であり、支援者がいない家庭も27.4％である。

多文化家庭の乳幼児の幼児教育・保育施設の利用率は57.0％（2009年度）で、そのうち、保育施設は57.5％、幼稚園40.0％、塾1.2％、その他1.4％である。最近（2011年度）の幼児教育・保育施設利用率は74.5％に増加しており、これは2011年度に施行された多文化家庭の乳幼児の教育費用・保育料の全額支援による効果であるといえる。

幼児期の多文化保育・教育に関しては、国家水準の幼稚園教育課程の第6次「幼稚園教育課程」（教育部告示第1992－15号）と第7次「幼稚園教育課程」（教育部告示第1998－10号）のなかで、「21世紀の世界化・国際化に対応するための幼児教育」の重要性が強調され、世界の多様な文化に関する内容が取り入れられている。2007年度の第7次改訂では「幼児の世界理解および多文化教育のための指針書」が発刊され、具体的な多文化保育の内容および活動の事例が提示された。

2013年現在の国家水準の幼・保統合カリキュラムである「3～5歳年齢別ヌリ課程」においては、教育内容の5領域[26]のなかの「社会関係」領域に具体的な内容が提示され、同カリキュラムの教師用指針書には年齢別の多文化活動が例示されている。活動の一例を紹介すると、次の通りである。

[26] 身体運動・健康、意思疎通、社会関係、芸術経験、自然探究の5領域を中心に教育内容が構成されている。

「社会関係」領域の例示活動

目標：多様な人種と文化について理解し尊重する。
満4歳：世界のさまざまな国の人の特徴、言語、服、食べ物、歌と踊り、風習、民族工芸品等の実物や動画の資料、写真資料等を調べて直接経験してみる。
満5歳：世界のさまざまな国の文化に関連する博物館や文化院、わが国にある世界文化遺産に指定されている文化財等の現場を見学し、それを大切に保護するために私たちができることについて表現してみる。

出典：教育科学技術部・保健福祉部『3－5歳年齢別ヌリ課程教師用指針書』2013　p.108

「育児政策研究所」の幼稚園・保育施設における多文化保育の実施率の調査（2011年）によると、調査対象1,200名の保育者のうち56.3％が「現在実施している」と答えており、そのうち、幼稚園は全体の73.8％が、保育施設は全体の38.8％が実施している。また、実施している内容は、世界の文化を紹介したり調べたりするといった内容が大部分であり、幼稚園の場合は年間教

育課程として計画して実施する類型が33.6％、保育施設の場合は日常生活のなかで年中実施する類型が31.3％である。

ソウル市のA保育所の多文化保育実践の一例を紹介すると、保育室内の遊びコーナーの環境構成に、ペルソナ人形や世界の民族衣装を置いて日常保育の遊び活動として展開している（写真6-19、20）。

多文化保育実践のための保育士研修は、各地域の「保育情報センター」の保育施設支援事業として行われているが、2011年度の多文化保育の研修に参加した幼児教育・保育施設の保育者は全体（調査対象：保育者1,200名）の16.5％とまだ少ない状況である。

写真6-19　ペルソナ人形

写真6-20　世界の民族衣装

多文化保育研修では、多文化保育の理論の講義と実際のプログラムを例示している。多文化保育プログラムの類型としては、❶一般の乳幼児と多文化家庭の乳幼児の統合プログラム、❷多文化家庭の乳幼児対象の担当保育者との相互作用プログラム、❸多文化家庭の乳幼児と保護者参加の家族連携プログラムがあり、それを年齢別（満2～5歳）に適用できるよう例示している。

（4）まとめ

本節では、韓国の子育て支援について、新しい保育政策の実施、地域の子育て支援システム、多文化家庭の子育て支援に焦点を当てて概観した。

韓国の子育て支援は政府が主導的に行っており、特に画期的な保育改革、すなわち保育料の無償化、幼保統合カリキュラム実施を通した幼保一元化の推進、「保育情報センター」を中心とする地域の子育て支援システムの構築、多文化家庭支援を中心とする子育て支援と幼児教育・保育施設における多文化教育・保育の実践を行っていることがわかった。このような韓国の動向は、日本の保育政策および子育て支援における当面の課題や今後の方向性を考えるうえにおいて注目すべきものがあるといえよう。

●学びの確認

・韓国の新保育政策の概要（要点）をまとめてみましょう。

●発展的な学びへ

・韓国の多文化家庭の子育て支援の特徴について、日本と比較してまとめてみましょう。

COLUMN

ノルウェーの暮らし

　ノルウェーは国民一人当たりのGDPが世界第2位であることは本文で確認したが、実際にはどのような生活なのだろうか。

　まず月給についてみると、フルタイムの平均月収は37,300NOK、パートタイムの女性平均月収でも30,700NOKと、日本円にすると50万円を超える。では物価のほうはどうか。実はノルウェーは物価の高い国としても世界トップクラスなのである。たとえば、住宅は郊外の3ベッドルームの家で14,000NOK、電機や水道などの光熱費は1408.3NOK、それらの合計は日本円にすると25万2,850円となる。それに加え、食料品も割高である。たとえば、サンドイッチの材料を買うとする。パン1斤（25NOK）、ミルク1ℓ（14.95NOK）、トマト200ｇ（5.2NOK）、レタス1玉（15NOK）、チーズ200ｇ（16.74NOK）、卵12個（30NOK）、合計すると日本円で1,754円となる。日本で購入すると1,000円ほどだろうか。外食も同様で、日本にもある有名なファストフード店のハンバーガーがノルウェーでは700円以上する。レストランで食事をすると、安い店でも140NOK（約2,300円）位は必要だ。これら食品が割高なのは消費税にも関係している。一般の商品には25％、食料品でも15％の消費税がかかっており、支払う金額は高くなってしまう。

　一方でノルウェーでは教育費についての個人負担がほとんどない。小学校から高校までは無償であり、鉛筆や消しゴムでさえ学校で用意される。また、大学も一部の私立大学を除けば学費はかからない。生活に必要な資金は子ども自身が学生ローンなどで用意するため、親が教育費を想定して貯蓄をする必要はないのである。

　このように生活全体でみてみると、単に収入の高低だけで、経済的な豊か

さが計れるわけではないことが改めてわかる。さらに言えば、生活全体が豊かだというときには、経済の他にも重要な要因があるはずである。何をもって「生活が豊か」なのかを考えてみることは、今後の子育て支援のあり方を探るうえでも大切な視点だと言えよう。

1 NOK＝16.41円（2013年10月現在のレート）

【第6章引用・参考文献】
第1節
【参考文献】
・小内透「ノルウェー・サーミの概況」小内透編『調査と社会理論・研究報告書29 ノルウェーとスウェーデンのサーミの現状―先住民族多住地域の社会学的総合研究その1―』北海道大学大学院教育学研究院教育社会学研究室　2013年
・厚生労働省『世界の厚生労働2004』TKC出版　2004年
・品川ひろみ「サーミの教育の歴史と現状」小内透編『調査と社会理論・研究報告書29 ノルウェーとスウェーデンのサーミの現状―先住民族多住地域の社会学的総合研究その1―』北海道大学大学院教育学研究院教育社会学研究室　2013年
・庄司博史「サーミ 先住民権をもとめて」綾部恒雄監、原聖・庄司博史編『講座 世界の先住民族―ファースト・ピープルズの現在―ヨーロッパ』明石書店　2005年
・西村重稀「ノルウェーの保育事情」『仁愛大学研究紀要 人間生活学部篇』創刊号　2009年
・長谷川紀子「ノルウェーのサーメ人のための幼稚園教育―オスロ（Oslo）チザ・サーメ幼稚園を訪問して―」『特集ノルウェーの教育と文化』子どもの遊びと手の労働研究会　2010年1月号　2010年
・矢野恵美「ノルウェーの取組の特徴と日本への示唆―女性の参画から男女共同参画へ―」『諸外国における制作・方針決定過程への女性の参画に関する調査』内閣府男女共同参画局　2009年

【参考ホームページ】
・ノルウェー政府ホームページ　http://www.regjeringen.no/nn.html（2014年3月1日閲覧）
・ノルウェー教育省ホームページ　http://www.regjeringen.no/nb/dep/kd.html（2014年3月1日閲覧）
・ノルウェー厚生労働省ホームページ　http://www.nav.no/forsiden（2014年3月1日閲覧）
・ノルウェー統計局ホームページ　http://www.ssb.no/en/forside;jsessionid（2014年3月1日閲覧）
・オスロ市ホームページ
http://www.barnehager.oslo.kommune.no/oslobarnehagen/om_oslobarnehagen/（2014年3月1日閲覧）

【付記】
本節では、平成24～27年度の日本学術振興会科学研究費補助金（基盤研究A）（研究課題「先住民族の労働・生活・意識の変容と政策課題に関する実証的研究」研究代表者・

小内透・課題番号24243055）に基づく研究成果の一部を使用している。

第2節
【引用文献】
1）『オッリペッカ・ヘイノネン「学力世界一」がもたらすもの』オッリペッカ・ヘイノネン、佐藤学　日本放送出版協会　2007年　p.11

【参考ホームページ】
・フィンランド統計局ホームページ　http://www.stat.fi/　（2014年3月1日閲覧）
・フィンランドKELAホームページ　http://www.kela.fi/　（2014年3月1日閲覧）
・フィンランド教育文化省ホームページ　http://www.minedu.fi/　（2014年3月1日閲覧）

第3節
【参考文献】
・Beatty, Barbara. *Preschool Education in America: The Culture of Young Children from the Colonial Era to the Present.* Yale University Press. 1995.
・Derman-Sparks,L. (1989). *Anti-Bias Curriculum: Tools for Empowering Young Children.* Washington D.C. : NAEYC.
・Feeney, Stephaine., Moravick, Eva., and Sherry Nolte. *Who Am I in the Lives of Children? An Introduction to Early Childhood Education.* 2013.
・Office of Head Start: *Head Start Program Fact Fiscal Year 2012*
・U.S. Census Bureau: *Child Poverty in the Unite States 2009 and 2010: Selected Race Groups and Hispanic Origin.*
・U.S. Department of Health and Human Service: *A Brief History of the AFDC program Trends in the AFDC Caseload since 1962.*
・苅谷剛彦『学力と階層─教育の綻びをどう修正するか─』朝日文庫　2012年
・北米エスニシティ研究会編『北米の小さな博物館─「知」の世界遺産3─』彩流社　2014年
・松尾知明『アメリカ多文化教育の再構築─文化多元主義から多文化主義へ─』明石書店　2007年
・松山有美「『自助努力社会』における保育政策と保育選択─アメリカを事例として」名古屋学芸大学研究紀要　教養・学術編第6号　2010年

第4節
【参考文献】
・一見真理子「中国の幼児教育─ここ十年の変化と今後─」『教育と医学』2003年2月号　慶応義塾大学出版会　2003年
・上海市「上海市教育工作年報」2004年
・曹能秀・無藤隆「中国における幼児教育の現状と課題」『お茶の水女子大学子ども発達教育研究センター紀要3』2006年
・中国教育部「中国教育事業発展統計公報」2012年
・中国国家教育委員会「幼児園工作規定」1996年
・中尾三千子「中国の幼児教育事情について」関西女子大学研究紀要第18号　2008年

【参考ホームページ】
・エクスプロア上海　http://sh.explore.ne.jp/　（2014年3月1日閲覧）
・文部科学省ホームページ　http://www.mext.go.jp/　（2014年3月1日閲覧）

【写真協力】
上海美しが丘第一幼稚園

第5節

【参考文献】
・安全行政部「2013年地方自治団体外国人住民現況」調査発表　2013年
・育児政策研究所2012『育児政策Brief』通巻第8号　2012年
・教育科学技術部・保健福祉部『3－5歳年齢別ヌリ課程教師用指針書』2013年
・金ジュンヨル「2011年多文化家族子女支援政策」『育児政策フォーラム』第23号　2011年
・金スングォン他『全国多文化家族実態調査研究』3部署・韓国保健社会研究院　2009年
・江南区育児センター『江南区育児センター案内』2012年
・ソウル市「麻浦保育情報センター」多文化保育教師研修の内部資料（2013年8月22日収集）
・ソムンヒ「多文化家族母親の子育ての実態と期待」『育児政策フォーラム』第30号　育児政策研究所　2012年
・崔ユンギョン他『多文化家族の嬰（乳）幼児発達実態及び合わせ型支援方案』育児政策研究所　2011年
・張ヘジン「育児支援機関における多文化教育実態と支援方案」『育児政策フォーラム』第30号　育児政策研究所　2012年
・韓在熙「韓国の保育政策と保育情報センターの役割に関する考察」『保育の研究』第25号　2013年
・韓国産業情報院付設保育福祉研究所編『2012幼児保育支援制度総覧』保健福祉政策研究所　2012年
・保健福祉政策研究所編『2012幼児保育支援制度総覧』2012年
・保健福祉部『2013保育事業案内』2013年
・保健福祉部「保育統計　12末基準」2012年
・ミンソンヘ他『多文化保育の理解と適用』韓国保育振興院　2011年

【参考ホームページ】
・保健福祉部ホームページ　http://www.mw.go.kr/（2014年3月1日閲覧）

第7章 今後の多文化保育・教育の課題と展望

　第1章から第6章では、さまざまな場面での多文化保育・教育について述べてきた。第1章では、国際化に伴う日本の状況をとらえたうえで、「多文化共生の必要性」「多文化保育・教育の必要性・意義」等について述べている。第2章では、在日外国人の動向として、法務省の調査等から外国人登録者・在留外国人の推移、外国につながる子どもの人数等を示し、在日外国人の親子にどのような課題やニーズがあるのかを述べている。第3章では、外国につながる子どもの保育・教育と保護者支援について就学前施設および小学校就学後の事例をもとに課題について整理している。第4章では、執筆者の海外等での経験をふまえて、保育者としての専門性、教師としての専門性について述べている。第5章では、町全体で多文化共生の取り組みをしている岩手県一戸町の事例を示しながら、今後の多文化保育・教育を述べている。そして、第6章では、「ノルウェー・フィンランド・アメリカ・上海・韓国」の子育て支援の現状を述べている。

　そこで、第7章では、第1章から第6章をふまえて、多文化保育・教育の課題と展望を述べていく。

第1節　今後の多文化保育・教育の課題

（1）就学前・就学後における言語支援

　言葉に関しては、他の章でも述べているが、就学前・就学後においても大きな課題となっている。

　日本語がわからないため、あるいは、文化や制度の違い等も関連して、日本の学校制度や、どのような就学準備が必要なのかがわからない等の不安を訴える声が筆者の調査（第5章p.93の調査に関連した調査）においても多くあった。これら日本での学校生活に不安のある保護者等に対し、その不安を

取り除く支援が必要になる。しかしそれは、子どもが日本の就学前施設で生活した経験があるのかないのか、子どもの日本語力、保護者の日本語力、保護者の教育方針等によっても対応はそれぞれ異なってくる。

　大阪府教育委員会事務局市町村教育室児童生徒支援課では、帰国・渡日の子どもと親に対する就学前サポート事業として、日本の学校制度や学校生活について説明した「小学校入学準備ガイドブック」（❶日本の学校のしくみ、❷小学校に入るまでの手続き、❸日本の学校生活：1日の流れ／教室の様子／学校の先生／学習する科目／1年の行事／学校生活のなかの決まり、❹学費について、❺準備するもの）を8言語（中国語、韓国・朝鮮語、フィリピン語、ベトナム語、スペイン語、ポルトガル語、英語、日本語）で作成するとともに、「帰国・渡日の子どものための小学校入学準備ガイダンス」を実施した[*1]。このような事業が今後各地域に広がっていくことが望まれる。

　また、小学校の学習指導要領解説においては、「言葉の問題とともに生活習慣の違いなどによる不適応の問題が生じる場合もある」といった児童の様子が記述されており、学習指導要領の第1章第4の2（8）[*2]では、言語背景の異なる子どもたちの多様性、困難さ等を理解し、学校生活への適応を図り、外国での生活経験を生かすなどの適切な指導を行う必要性が記されている。就学前・就学後のどちらの場合においても必要な支援は日本語や教科学習の支援にとどまらない、アイデンティティの確立にまで波及する問題を含んでいるということである。

（2）母語と日本語に関する課題―アイデンティティの確立―

　第3章第5節でも述べているが、子どもに対する教育観は、家庭では伝統文化の継承を望んでいるものの、子どもが成長し日本語が優勢になるにつれ親子間の会話の母語使用も困難になることが一般的だという。すなわち、親の文化を継承することが難しくなってくることも珍しくないということである。日本の教育システムについては信頼しているが、子どもの進路に対し期待とは裏腹に子どもに任せているケースが多いことも特徴である。

①首都圏公立保育所への調査からみる母語と日本語の課題

　筆者の2009（平成21）年の調査[*3]でも同じような結果が出ている。調査対象は、神奈川県営団地に隣接している定員は72名（6か月～5歳児）の保育所であり、外国につながる子どもが園児の約85％を占め、その国はベトナム・中国・カンボジア・ラオス・バングラディシュ等11か国におよぶ（2009［平成21］年8月現在）。

[*1] 平成19年度、20年度地域国際化施策支援特別対策事業

[*2] 学習指導要領第1章第4の2（8）
第3章第5節「授業・学力に関する事例：小学校」を参照。

[*3] 科研費基盤研究C（2008～2010）「国際結婚における『移動の価値』の研究―日中韓農村部の福祉的支援の視点から―」

子どもたちは成長とともに日本語を使えるようになるため、保育者等とのコミュニケーションにはほとんど不都合はない。その背景には、子どもたちが日本の社会のなかで安心して過ごしていけるように、日本の生活習慣・文化・語彙（言葉）などをできるだけ伝えようと、保育者がさまざまな場面で支援していることが大きい。そのため、保育者と子どもたちの間には信頼関係が築かれており、問題は感じられなかった。しかし、保育園では日本語、家庭では母語、時には子どもが親の通訳を担っているケースもあり、徐々に母語で話す煩わしさからか、母語自体を忘れていく子どももおり、母国アイデンティティの面から危惧するところである。

②首都圏公立学校におけるアイデンティティの確立への取り組み

前述の神奈川県営団地に隣接している保育所を修了した外国につながる子どもは、母国に帰国する子ども以外、その多くが地域の公立小・中学校にそのまま就学している。

この地域には、4つの公立学校があるが、各校には、多くの外国につながる児童生徒が在籍し、日本人児童生徒と共に学んでいる（表7-1）。そのなかのC小学校は、文部科学省の「帰国・外国人児童生徒と共に進める教育の国際化推進地域」のセンター校[*4]に指定されている。C小学校の外国につながる児童生徒は、1989（平成元）年頃から増え始め、2013（平成25）年現在、全校児童161名中、外国につながる児童生徒が122名おり、全体の約75％にもなっている[*5]。この傾向は、年齢が下がるほど強くなっており、現在も外国籍の若い世帯が増え続けている状況や出生状況などを考えると、今後も強まることが考えられる。

*4「帰国・外国人児童生徒と共に進める教育の国際化推進地域」のセンター校
センター校では、特別な配慮を要する児童生徒に対応した教員の配置や日本語指導等に対応した教員を配置している。

*5
文化庁『文化庁月報』平成25年9月号（No.540）より。

表7-1　各校の児童数

（単位：人）

年度		A中学校	B小学校	C小学校	D小学校	合計
2005 （平成17）	全校児童数	293	270	208	209	980
	外国につながる児童生徒	81 (27.6%)	20 (7.4%)	102 (49.0%)	51 (24.4%)	254 (25.9%)
2006 （平成18）	全校児童数	296	274	209	219	998
	外国につながる児童生徒	76 (25.7%)	24 (8.8%)	115 (55.0%)	58 (26.5%)	273 (27.4%)
2007 （平成19）	全校児童数	326	324	203	214	1,067
	外国につながる児童生徒	80 (24.5%)	25 (7.7%)	117 (57.6%)	56 (26.2%)	278 (26.1%)

資料：文部科学省研究指定「人権教育総合推進地域事業」（平成17・18・19年度）リーフレットより筆者作成

上記の4校には、それぞれ国際教室があり、1998（平成10）年から担当者の連絡会を立ち上げ、協働して外国につながる児童生徒の受け入れ体制を整えるとともに、日本人児童生徒と外国につながる児童生徒が、互いの国籍や民族の違いを認め合いながら、共に学ぶ多文化共生の学校づくりをめざしている。こうした学校づくりは、学校独自の取り組みだけで達成されるものではない。多くの住民が一体となった取り組みを展開することで、より確かな効果が期待できる。ここ数年は、保護者、自治会やボランティア団体、大学、行政等と連携して、多文化共生の学校づくり・地域づくりをめざして活動を展開してきている。学校、住民等が一体となって多文化共生をめざし、支えるのは、どの地域でも大切なことである。

（3）生活・学習環境における課題と支援

　日本で生まれ育った外国につながる子どもや、保護者のどちらかが日本人である子どもは、一見日本語に全く問題がないように感じられることがある。保育者・教師側も「外国につながる子ども」とはあまり意識せず、他の子どもたちと同様に支援をする場合も多い。しかし実際には、日本語をある程度話す外国につながる子どもにも、言葉に関してはさまざまな困難がある。たとえば、言葉や文化、価値観が異なるため、園や学校の決まり等が伝わっていない場合がある。就学前施設や小学校への入園、入学など、子どもの生活・学習環境が大きく変化する時期は特に戸惑うことが多いため、きめ細やかな情報提供や配慮が必要になってくる。そのためには、保育者や学校の教員だけではなく、地域におけるボランティアの支援が欠かせない。

　また、小学校入学においては「出身国ではどうなのだろうか」と親身になって対応していくことが必要である。外国籍の保護者と子どもの世帯は、就学通知とは異なる時期に「就学案内」が送付され（各自治体に任されている）、受領後に就学の手続きが必要となる。2012（平成24）年に施行された新しい入管法（出入国管理及び難民認定法）[*6]等の施行により、必要な手続きも増えている。個人情報の問題があるが、家族も含めた在留資格の有無などについて知り、可能な範囲で家庭状況を把握し、子どもの学校生活に支障が出ないように配慮をしなければならない。そのためにも、ボランティア（支援者）であってもその概要を理解して子どもや保護者とかかわることが必要になる。たとえば、日本国籍をもたない人は入国管理局での手続き、銀行や住宅入居等の手続きにも時間がかかることがある。「言葉の壁」だけでなく、「制度の壁」に直面してしまう場合があることも念頭におかなければならない。

＊6　入管法（出入国管理及び難民認定法）
第2章p.19参照。

第7章　今後の多文化保育・教育の課題と展望

　就学前施設や学校生活においては、子どもが日本語を身につけるまでの間、その子の日本語力で保育活動や学習に参加できる環境づくりを工夫することが大切である。また、学習面の支援だけでなく、この時期は周囲の子どもたちとの関係づくりも重要である。外国につながる子どもがもつ文化や価値観を理解・尊重しながら、園や学校全体で温かく迎えること、他の子どもが外国につながる子どもと積極的にかかわっていこうとする態度を育てること、さらに、日本での将来の見通しを示していくことが保育者・教師の重要な役割である。

第2節　今後の多文化保育・教育の展望

（1）外国につながる子ども・保護者への支援と配慮

　異なる文化をもつ人々の存在は、近年、ますます身近になってきている。就学前施設においても、多くの外国につながる子どもやさまざまな文化をもつ子どもたちが生活している。保育者は、一人一人の子どもの状態や家庭の状況などに十分配慮するとともに、それぞれの文化を尊重しながら適切に支援することが求められる。就学前施設においては、さまざまな国の遊びや歌などを取り入れたり、保育室に簡単な外国語の言葉を掲示することも、子どもがさまざまな文化に親しむうえで大切なことである。

　それは保護者への対応でも同様である。保護者へボランティアによる通訳がいることを紹介すること等は、子どもの園生活についてきめ細やかな情報を提供することや配慮につながり、保護者の不安を取り除くことになる。

　第3章第4節でも述べているが、小学校入学に関して、愛知県では、入学した公立小学校で戸惑うことなく、学校生活に早期に適応できることをめざし、簡単な日本語や学校の習慣などを教えるプレスクール事業を2006（平成18）年度よりモデル的に実施している。2009（平成21）年には、市町村においてプレスクール等を実施する際の参考として利用できるよう、また外国人の子どもの日本語指導等にあたる方々の手引書としても利用できるよう、「プレスクール実施マニュアル」*7を作成

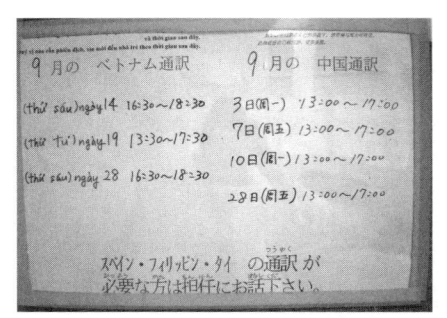

写真7-1　保護者への通訳案内

＊7　プレスクール実施マニュアル
プレスクール実施マニュアルは、愛知県のホームページ（http://www.pref.aichi.jp/0000028953.html）(2014年3月1日閲覧)に紹介されている。

している。

（2）多文化保育・教育を担う保育者・教師の使命

　ここまで外国につながる子どもの保育・教育に関する理論、日本における現状をみてきたが、日本と外国でさまざまな違いはあれ、マイノリティの子どもの保育・教育に関しては公的な機関の積極的な支援はなく、現場でそれぞれに対応法を工夫している。就学前施設、就学後の学校において、さまざまなニーズに対して個々に対応をすることこそが、マイノリティと共に暮らす多文化社会での保育・教育のあり方だと考えることができる。それぞれの就学前施設・学校によって子どもの国籍、割合、個性は違い、現場で判断する内容は多い。しかし共通していえることは、「違い」を恐れないことである。保育者・教育者の異文化コミュニケーション・スキルを高めたり、アンチバイアス教育法[*8]を伝える研修などは共通して行える部分である。

　外国につながる子どもたちが、地域で安心して生活を送り、力を発揮し、社会に巣立っていくために、子どもたちの学びや育ちを支えていかなければならない。それが、多文化共生の保育・教育を担う保育者・教師の使命である。

＊8　アンチバイアス教育法
第1章 p.13参照。

● 学びの確認

①マイノリティの乳幼児を保育する場合にどのような保育のあり方があるか考えてみましょう。
②マイノリティ対応の専門性が高い学校（文部科学省の「帰国・外国人児童生徒と共に進める教育の国際化推進地域」のセンター校指定等）にマイノリティの児童が集まるため、効率的な教育が行われることが期待できる。これは、マイノリティの子どもがマジョリティのいる環境から追いやられているという見方もできる。この長所、短所について話し合ってみましょう。
③外国につながる子どもやその保護者の支援においては、就学前施設や学校が外国につながる子どもや保護者のニーズに合わせて対応していくことが望まれるが、ニーズを満たすための保育・教育のあり方はどのようなものであるか話し合ってみよう。

第7章　今後の多文化保育・教育の課題と展望

●発展的な学びへ

①本書での学びを通して、あなたが感じた「多文化保育・教育」の課題をまとめてみましょう。
②第1章から第7章までの学びをふまえて、あなたが将来、保育者・教師となったときに大切にしたいと思うことをまとめてみましょう。

【参考文献】
・石井恵理子「年少者日本語教育の構築に向けて―子どもの成長を支える言語教育として―」『日本語教育』128号　日本語教育学会　2006年
・公益財団法人かながわ国際交流財団「外国につながる子どもの未来を支えるために―5年後、10年後を見据えて成長を見守るヒント―」2013年
・厚生労働省「保育所保育指針解説書」2009年
・咲間まり子「多文化共生社会における子どもの育ち―首都圏一公立保育所と岩手県町村部の外国につながる子ども―」国際幼児教育学会　研究Vol.19.　2011年
・志水宏吉・清水睦美編『ニューカマーと教育―学校文化とエスニシティの葛藤をめぐって』明石書店　2006年
・中島和子『バイリンガル教育の方法―地球時代の日本人育成を目指して― 増補改訂版』アルク　2001年
・文部科学省研究指定「人権教育総合推進地域事業」（平成17・18・19年度）リーフレット　2008年

COLUMN

僕の国ではね

「僕の国ではね、バナナを○○○って言うんだよ」。まわりの子どもや保育者に、絵本を見せながら得意気に母語を紹介しているA児。

保育者は、外国につながる子どもに劣等感をもたせないよう配慮する必要がある。保育者が子どものルーツ文化を否定的に評価するような態度をとれば、子どもが親を認めなくなり、自分自身に劣等感を抱き、アイデンティティ形成が不安定となる。

保育者自身が人種的偏見を取り除き、「違い」を恐れないようにしていくことで、子どもたちは、国際的な感覚を育み、それが今後の人材を育てていくことにつながっていくのである。

多文化保育・教育論

2014 年 4 月 20 日　初版第 1 刷発行
2024 年 3 月 1 日　初版第 5 刷発行

編　者	咲間　まり子
発行者	竹鼻　均之
発行所	株式会社 みらい
	〒500-8137　岐阜市東興町40　第5澤田ビル
	TEL　058-247-1227（代）
	FAX　058-247-1218
	https://www.mirai-inc.jp/
印刷・製本	サンメッセ株式会社

ISBN978-4-86015-319-9　C3037
Printed in Japan　　　乱丁本・落丁本はお取り替え致します。